lonely planet

DE CERCA
DUBÁI

AF276726

Hayley Skirka

Sumario

Arriba: Madinat Jumeirah (p. 80).
Abajo: barrio histórico de Al Fahidi (p. 52).

Puesta a punto 4

El viaje empieza aquí 4
Imprescindibles 6
Tres días perfectos 18
Prepararse 22
Cuándo ir 24
Cómo llegar 26
Cómo desplazarse 27
Otra cara de Dubái 30

Explora Dubái 33

Deira 35
Bur Dubai 49
Jumeirah 63
Burj Al Arab y
Madinat Jumeirah 77
Downtown Dubai 91
Dubai Marina y Palm Jumeirah 107
Sur de Dubái 123

Guía práctica 143

Viajar en familia 144
Alojamiento 145
Comida, bebida y fiesta 146
Salud y seguridad 148
Turismo responsable 150
Accesibilidad 152
Lo esencial 153
Idioma 154
Índice 156

ARRIBA: MATYAS REHAK/SHUTTERSTOCK © ABAJO: NICK N A/SHUTTERSTOCK ©

★ Imprescindible

Zoco del oro 38
Barrio histórico de Al Fahidi 52
Mezquita de Jumeirah 66
Madinat Jumeirah 80
Burj Al Arab 82
Burj Khalifa 94
Museo del Futuro 96
Dubai Mall 98
Atlantis The Palm 110
Dubai Parks & Resorts 126
Ir de 'brunch' 134

Merece la pena

Una visita a Hatta 136
Excursión a Abu Dabi 138

El viaje empieza aquí

El destino vacacional más famoso de Oriente Medio es una ciudad de contrastes: hoteles relucientes y edificios anodinos de apartamentos, cochazos flamantes y vehículos de dudosa fiabilidad. Los viajeros acuden en busca de escapadas playeras y para ir de compras, pero lo que más me gusta de esta ciudad son sus sorpresas. Se pueden ver flamencos picoteando en las marismas a pocos minutos del rascacielos más alto del mundo y descubrir los orígenes ancestrales del grano de café en un barrio con más de cien años de historia. Si se busca, Dubái ofrece un delicioso cóctel de cultura, arte, naturaleza y mucho más, bañado por el sol todo el año.

Hayley Skirka
@hayleyscottie
Nacida en Escocia y afincada en los EAU, Hayley es autora y editora de guías de viaje.

Reserva de fauna de Ras Al Khor (p. 102).

LO MEJOR

Cenas Michelin

La guía Michelin debutó en Dubái en el 2022 y desde entonces todos los restaurantes ansían aparecer en ella. Estos establecimientos recomendados por la famosa guía francesa son ideales para una cena inolvidable.

Descubrir la cultura con la gastronomía de **Teible,** en el Jameel Arts Centre, en el Jaddaf Waterfront, donde este restaurante-panadería sirve platos con ingredientes locales de temporada. (p. 60)

Disfrutar de una experiencia genuina dubaití en **Ossiano** (arriba), el restaurante bajo el agua del Atlantis The Palm. Saborear cocina creativa mientras rayas, tiburones y caballitos de mar pasan nadando junto a la mesa. (p. 120)

Surcar el Golfo a bordo de un barco privado rumbo a **Stay** del chef Yannick Alleno (arriba), con dos estrellas Michelin y selectos platos de inspiración francesa. (p. 120)

Rendirse al restaurante más sencillo de Dubái con estrella Michelin: **3 Fils,** en Jumeirah Fishing Harbour; casero y tranquilo, sirve platos asiáticos ricos con muy buena relación calidad-precio. (p. 74)

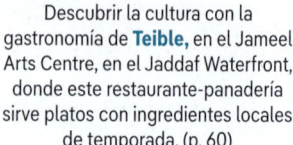

Dcha.: desayuno, Teible (p. 60).

LO MEJOR

Cocina emiratí

En el vivaz panorama culinario de Dubái abunda la cocina emiratí; desde las *luqaimat* (rosquillas dulces; abajo dcha.) al *machboos* (un guiso de carne o pescado, arroz y cebollas en salsa picante).

Disfrutar de sabrosa carne y fragante *machboos* (arriba) en **Al Khayma Heritage Restaurant,** en el barrio histórico de Al Fahidi. También ofrece clases de cocina para recrear estos platos en casa. (p. 61)

En el **Centro para el Entendimiento Cultural Jeque Mohammed,** empresa sin ánimo de lucro, se puede probar la cocina emiratí y aprender sobre la cultura y las tradiciones de los Emiratos Árabes Unidos. (p. 56)

Visitar el familiar **Al Fanar** –llamado así por sus tradicionales farolas de Oriente Medio–, a orillas de la ría de Dubái, que sirve cocina emiratí merecedora de un Michelin Bib Gourmand. (p. 61)

En **Sabaa** se cena bajo torres de viento tradicionales en un entorno que recuerda a la antigua Arabia. Está en el Al Seef Heritage Hotel Dubai by Hilton y ofrece refinada cocina emiratí. (p. 61)

QDs (p. 47).

LO MEJOR

Copas con puesta de sol

Desde románticos restaurantes en azoteas hasta fabulosos bares a pie de playa, Dubái tiene un montón de sitios para ver la puesta de sol tomando algo.

Ce La Vi, para mirar y dejarse ver, tiene magníficas vistas del centro de Dubái, Burj Khalifa incluido. (p. 105)

Attiko Dubai, con vistas de 180 grados sobre Jumeirah Beach Residence (JBR), desde Ain Dubai hasta Palm Jumeirah y el Burj Al Arab, brinda la foto ideal de las vacaciones. (p. 121)

Visitar la cara antigua de Dubái en el **QDs,** favorito de los residentes de toda la vida. (p. 47)

Above Eleven ofrece una combinación de espíritu peruano, cocina japonesa y modernidad neoyorquina al aire libre. Sus puestas del sol se acompañan de vistas, música y cócteles exquisitos. (p. 121)

Bungalo34 es un regreso a la década de 1960 en Pearl Jumeirah. (p. 72)

En **Bibé Rooftop** se disfruta con estilo de la hora dorada, con un saxofonista creando ambiente. (p. 133)

9

LO MEJOR

Compras de lujo

La fama de paraíso de las compras de Dubái persiste pese a la reciente incorporación del IVA. Cada barrio tiene su centro comercial, con atracciones que incluyen una pista de esquí, un acuario y la réplica de una aldea egipcia.

El **Dubai Mall** es un coloso; uno de los centros comerciales más grandes del mundo, con más de 1000 tiendas. Está hermanado con el altísimo Burj Khalifa. (p. 98)

El **zoco del oro** (arriba) es como la cueva de Aladino: un edén para los amantes de las joyas. Es famoso por ser uno de los mercados de oro mejor regulados del mundo. (p. 38)

Dos grandes esfinges custodian el centro comercial **Wafi** (arriba), un complejo de inspiración egipcia, que alberga *boutiques* de lujo y un nuevo parque futurista de luces y sonido. (p. 61)

En el **Mall of the Emirates** destaca la Fashion Dome, que reúne *boutiques* de lujo bajo un gigantesco tragaluz. Después, si quedan energías, se puede ir a ver la pista de esquí artificial del centro. (p. 89)

Dcha.: Mall of the Emirates (p. 89).

Parques de atracciones

Con atracciones increíbles y toboganes altísimos, los parques temáticos de Dubái entretienen a toda la familia porque combinan ofertas de interior y exterior, entre las que destaca el parque acuático más grande del mundo.

Chapotear a la sombra del Burj Al Arab en **Wild Wadi** (arriba), un parque acuático de temática árabe con más de 30 atracciones y toboganes. (p. 86)

Flotar entre túneles infestados de tiburones, cabalgar los rápidos y atreverse a saltar en **Aquaventure Waterpark,** el mayor parque acuático del mundo. (p. 110)

El primer **Legoland** de Oriente Medio ofrece atracciones inspiradas en las piezas de Lego, un parque acuático y un hotel. (p. 126)

Subir con los telesillas, bajar por las pistas artificiales de **Ski Dubai** (arriba), siempre a −2°C, y luego tomarse un chocolate caliente. (p. 86)

Ver cómo Hollywood cobra vida en **Motiongate,** un parque temático de cine con más de 20 atracciones que incluyen la primera atracción sobre *John Wick* y la montaña rusa más veloz del mundo. (p. 126)

Dcha.: Aquaventure Waterpark (p. 110).

LO MEJOR

Arquitectura

Famosa por sus rascacielos, Dubái alberga muchos tesoros arquitectónicos, desde las flamantes torres del centro de la ciudad hasta los palacios disneyanos del archipiélago artificial de Palm Jumeirah.

Subir al edificio más alto del mundo, el **Burj Khalifa.** A 828 m sobre la ciudad, este hito de la ingeniería ofrece vistas extraordinarias. (p. 94)

El blanco y reluciente **Museo Etihad** comparte ubicación con Union House, donde en 1971 se fundaron los Emiratos Árabes Unidos. (p. 70)

El bello **Museo del Futuro,** de 77 m de altura, alberga ciencia, cultura y arte. Su exterior está adornado con caligrafía árabe. (p. 96)

Atlantis The Palm (arriba), de color rosa chillón, en la punta de Palm Jumeirah, deja boquiabierto. Por fuera parece un palacio de cuento; por dentro es un festín de delicias subacuáticas. (p. 110)

Otro hotel digno de ver es **Atlantis The Royal,** en Palm Jumeirah. Su flamante estructura de cristal se alza en voladizo sobre el horizonte árabe. (p. 117)

Dcha.: Atlantis The Royal (p. 117).

FRANTIC00/SHUTTERSTOCK ©

Casa del jeque Saeed
Al Maktoum (p. 56).

LO MEJOR

La antigua Dubái

Desde su origen como pequeño pueblo pesquero,
Dubái ha vivido una evolución increíble en muy poco
tiempo. Sin embargo, si se sabe dónde mirar, es posible
descubrir la rica historia de la ciudad.

Alejarse de lo moderno en el laberíntico **barrio histórico de Al Fahidi** y ver galerías, museos, exposiciones y cafés. (p. 52)

Cenar envuelto en historia en el restaurante **Bayt Al Wakeel.** Construido en 1935 en adobe, coral y madera, alberga un museo marítimo. (p. 61)

Descubrir la historia de los EAU en el asombroso **Museo Etihad.** (p. 70)

Visitar la casa del jeque **Saeed Al Maktoum,** antigua residencia de los dirigentes de Dubái, en un apacible tramo del paseo ribereño. (p. 56)

Viajar al pasado en el **yacimiento arqueológico de Jumeirah,** uno de los sitios islámicos antiguos más importantes de la región del Golfo Pérsico. (p. 71)

Lo mejor para niños

Pisar dunas en un safari por el desierto con **Arabian Adventures,** seguido de rutas en camello, sesiones de *henna,* surf de arena y barbacoa árabe. (p. 103)

Los niños de todas las edades disfrutarán en **Atlantis The Palm,** con parques acuáticos, acuarios, máquinas de surf, una playa privada y muchos restaurantes. (p. 110)

Divertirse con el esquí, el *snowboard,* las bolas zorb y las guerras de bolas de nieve en **Ski Dubai,** única estación de esquí de los EAU. (p. 86)

Sumergirse en familia en el mágico mundo del **acuario y zoo submarino** del Dubai Mall, con más de 30 000 animales marinos. (p. 99)

Pasar un día divertido en **Kite Beach,** una playa donde bañarse, construir castillos de arena, hacer carreras de obstáculos y saltar sobre trampolines gigantes. (p. 70)

Lo mejor gratis

Maravillarse ante las luces, los proyectores y los juegos acuáticos de la **fuente de Dubái,** cuyo espectáculo diario incluye varias bandas sonoras. Conviene llegar pronto para conseguir sitio. (p. 102)

Disfrutar una mañana en la **reserva de fauna de Ras Al Khor** viendo flamencos, garzas, águilas pescadoras, cormoranes y otras aves. (p. 102)

Captar las vistas, los sonidos y los olores del pasado comerciante de la ciudad en el **zoco de las especias** de Deira. Visitarlo es una delicia, aunque no se compre nada. (p. 41)

Ir a la **playa pública de Jumeirah** a darse un chapuzón al anochecer en las templadas aguas del Golfo. (p. 70)

Olvidarse de los rascacielos y deambular por las angostas calles del **barrio histórico de Al Fahidi** para ver cómo era Dubái en el pasado. (p. 52)

👀

Tres días perfectos

Los mejores puntos de interés de Dubái pueden visitarse en un par de días. Estos itinerarios ofrecen una cata de todas las caras de la ciudad: la histórica, la playera y la futurista.

Mezquita de Jumeirah (p. 66).

DESDE LA IZDA.: BRUNOCOELHO/SHUTTERSTOCK ©, AKIMOV KONSTANTIN/SHUTTERSTOCK ©, CAPTURED BLINKS/SHUTTERSTOCK ©, MICHAL STANIEWSKI/SHUTTERSTOCK ©

PRIMER DÍA

Si solo se dispone de un día

MAÑANA

Pasear por el costero **barrio histórico de Al Fahidi** (p. 52; arriba) para conocer la antigua Dubái, y después cruzar en **'abra'** (taxi acuático) la ría de Dubái para explorar los zocos de la ciudad.

TARDE

Ver lo que vendrá en el **Museo del Futuro** (p. 96) y después ir de compras al **Dubai Mall** (p. 98) y a visitar el **acuario y zoo submarino de Dubái** (p. 99). Cuando se acerque la puesta del sol, subir al **Burj Khalifa** (p. 94) a gozar de las vistas de la ciudad.

NOCHE

Cenar en el **zoco de Al Bahar,** con el espectáculo de música y luz de la **fuente de Dubái** (p. 102) y luego ir de copas a **Time Out Market** (p. 104).

SEGUNDO DÍA

Un fin de semana

MAÑANA

Descubrir el islam con un circuito matinal por la **mezquita de Jumeirah** (p. 66) y después disfrutar de un desayuno emiratí tradicional en **Arabian Tea House** (p. 57), cerca del **yacimiento arqueológico de Jumeirah** (p. 71).

TARDE

Refrescarse en el **Aquaventure Waterpark** (p. 110), con toboganes, atracciones y rápidos. Luego ir a ver el acuario gigante de **Atlantis The Palm** (p. 110). Darse un capricho e ir a comer a **Bounty Beets** (p. 119).

NOCHE

Tomar un cóctel junto a **Aura Skypool** (p. 115; arriba) –situada en el piso 50, es la piscina infinita de 360 grados más alta del mundo– antes de salir de fiesta por **Palm West Beach** (p. 115), con un montón de bares y clubes de playa donde elegir.

TERCER DÍA

Una escapada

MAÑANA

Pasear por **Dubai Marina** e ir a desayunar al **Dubai Marina Mall.** Acercarse al **Mall of the Emirates** (p. 89) a ver las pistas nevadas de **Ski Dubai** (p. 86).

TARDE

Admirar las dunas de Dubái en un circuito de **Arabian Adventures** (p. 103) en todoterreno que incluye surf de arena, paseos en camello y danza del vientre, además de una cena de barbacoa al estilo árabe.

NOCHE

Comprar *souvenirs* de última hora en el **zoco tradicional de Madinat Jumeirah** (p. 80) antes de disfrutar de una cena en la sencilla y familiar **Trattoria Toscana** (p. 88), en el paseo marítimo. Sacarse un selfi ante el **Burj Al Arab** (p. 82; arriba) y después relajarse tomando algo en el **Bahri Bar** (p. 89).

Con más tiempo

Empezar el primer día con vistas de postal de la Dubái antigua y la nueva desde el **Dubai Frame** (p. 57) y luego descubrir **Al Seef** (p. 59), un barrio moderno inspirado en las aldeas tradicionales de Oriente Medio. Pasar por el **Starbucks** (p. 61) más bonito de los EAU, un café arábigo con farolillos, ventanas de madera y tejado de paja; y luego ir a saborear cocina emiratí en **Al Fanar** (p. 132). Disfrutar de un chapuzón nocturno en la **playa pública de Jumeirah** (p. 70), cuyas luces permiten bañarse las 24 h.

El segundo día es para descubrir las galerías de **Alserkal Avenue** (p. 84), pero antes se desayuna algo en **Nightjar Coffee.** Ir en metro a **Expo City Dubai** (p. 128) para mojarse los pies en una fuente muy singular, dejar que los niños correteen por Jubilee Park y pasear bajo los arcos gigantes de Al Wasl Dome. Al atardecer, vestirse de gala para ir a la elegante **Ópera de Dubái** (p. 102) y más tarde cruzar el parque Burj Khalifa hasta **Leila** (p. 104), a saborear una típica cena libanesa.

Al Seef (p. 59).

Una excursión

Madrugar para visitar la capital de los EAU, **Abu Dabi** (p. 138), a unos 150 km de Dubái. Empezar con el circuito gratuito de las 10.00 de la **Gran Mezquita Jeque Zayed** (arriba), cuyo guía muestra esta impresionante estructura con una cúpula blanca.

Acto seguido, ir en taxi a la isla de Saadiyat para visitar el **Louvre Abu Dabi** y luego almorzar junto al mar en **Mamsha.** Después de comer ir a la **isla de Yas** y elegir un parque de atracciones donde huir del calor de la tarde.

Terminar el día en la **bahía de Yas** tomando algo ante la puesta de sol en **Lighthouse** y dar una vuelta por el paseo marítimo.

En un día de lluvia

Apenas llueve en Dubái, pero, si ocurriera, un buen plan es ir en metro al **Dubai Mall** (p. 98) y pasarse horas comprando, patinando sobre hielo y visitando el **acuario y zoo submarino de Dubái** (p. 99; arriba), para luego ir al **Burj Khalifa** (p. 94) a ver la ciudad desde las alturas.

Si sigue lloviendo, es buena idea disfrutar de una rica cena italiana en el familiar **Eataly** (p. 105) y luego ir a ver la **fuente de Dubái** (p. 102), ya que si llueve no habrá tanta gente viendo el espectáculo.

Prepararse

ANTES DE PARTIR

Dos o tres meses antes Reservar entradas para la **Ópera de Dubái** (p. 102) y el **Museo del Futuro** (p. 96).

Un mes antes Reservar mesa en un restaurante con estrella Michelin (p. 6) y plaza para el *brunch* del sábado (p. 134).

Una semana antes Reservar la visita al **Burj Khalifa** (p. 94).

Costumbres

La conducta indecorosa es delito en Dubái. Hacer gestos obscenos o decir palabras soeces pueden acarrear serios problemas. Subir fotos de otras personas sin su permiso a las redes sociales también es delito, así que siempre hay que preguntar antes de compartir imágenes. Darse la mano está bien, pero las muestras de afecto desmedidas en público no están permitidas, sea uno heterosexual, homosexual, esté casado o simplemente bromee.

Cultura islámica

Dubái es tolerante, pero los no musulmanes han de tener en cuenta ciertas cosas. Solo se puede entrar a las mezquitas que acepten a no musulmanes; las prendas de ropa más reveladoras solo se pueden usar en la playa; en los centros comerciales hay que vestir con decoro. Los no musulmanes mayores de 21 años pueden comprar y beber alcohol en Dubái, pero ir ebrio en público es delito.

Conviene saber

Fin de semana Es, oficialmente, sábado y domingo; pero esto cambió hace unos años de viernes a sábado, y algunos negocios aún cierran los viernes.

Cruzar la calle No esperar a que el semáforo se ponga verde trae problemas: la multa puede ser de hasta 400 AED.

Principales fiestas religiosas Dubái es tan multicultural que lo celebra todo: desde el Aíd y el Ramadán hasta Diwali, Navidad, Pascua y el Holi.

Café arábigo Muchos hoteles ofrecen una taza a sus huéspedes nada más llegar. Tiene un ligero sabor a pimienta, del cardamomo. No hay que pedir leche. Es costumbre aceptar la taza con la mano derecha.

PROPINAS

No son obligatorias, pero se suelen dar si el servicio no va incluido en la cuenta.

10-20%

Restaurantes

5-10%

Bares

redon-dear ↑

Taxis

Redondear hasta
los siguientes
10 AED.

10–50 AED

**Porteros
de hotel**

PRESUPUESTO DIARIO

Económico **Menos de 350 AED**

- Habitación de hotel (2 o 3 estrellas): 250 AED
- *Shawarma:* 30 AED
- Bono de metro 24 h: 20 AED
- Trayecto en *abra:* 1 AED

Medio **Entre 350-1000 AED**

- Habitación de hotel (3 o 4 estrellas): 450 AED
- Cena con vino en un restaurante: 350 AED
- Entrada de parque acuático: 150 AED
- Transporte público: 20 AED

Alto **Más de 1000 AED**

- Habitación de hotel (5 estrellas): 800 EAD
- Excursión por el desierto: 300 AED
- Cena en un restaurante con estrella Michelin:
  600 AED
- Tarifa de taxi: 100 AED

Moneda
Dirham (AED)

Idiomas
Árabe, inglés
y también urdu

Hora local
Hora estándar del
Golfo (GMT/UTC
+4 h)

'APP' ENTERTAINER

Adquirir la *app* **Entertainer** merece la pena si se viaja en pareja o
en un grupo par; hay muchas ofertas 2×1 en muchos restaurantes,
bares, atracciones y circuitos de la ciudad.

📅 Cuándo ir

Se puede disfrutar del fresco en los meses de invierno (nov-abr), más caros y con más gente, o aprovechar las ofertas del verano (jun-sep).

La temporada alta va de noviembre a abril, cuando la temperatura baja a niveles confortables, y residentes y turistas disfrutan del mar, la playa y las puestas de sol en las azoteas de los bares. Navidad y Año Nuevo son las fechas más concurridas, con *brunches* festivos y fuegos artificiales. Invierno es ideal para ir de excursión al monte o acampar en el desierto, antes de que el calor empiece a subir en mayo. Los bares de azotea y clubes playeros cierran en verano, pero los parques temáticos cubiertos, museos y centros comerciales son templos del aire acondicionado.

Grandes eventos

Enero Las leyendas del golf acuden al **Dubai Desert Classic European Tour,** que se juega en el campo Majlis del Emirates Golf Club.

Marzo El festival **Art Dubai,** de tres días, en Madinat Jumeirah, muestra arte contemporáneo, moderno y digital de todo el mundo.

Marzo La carrera de caballos más rica del mundo, la **Dubai World Cup,** da a los asistentes la excusa para lucir sus mejores galas. Los purasangres compiten por un premio millonario; los invitados, por ser el mejor vestido.

Fechas que varían Durante el mes sagrado del **Ramadán** los musulmanes no comen ni beben entre el alba y la puesta de sol. Algunos sitios abren hasta tarde, incluso de madrugada. Los turistas deben evitar comer y beber en público, y deben vestir con decoro. El fin del Ramadán lo marca el **Aíd al Fitr,** con reuniones familiares y fuegos artificiales.

Clima

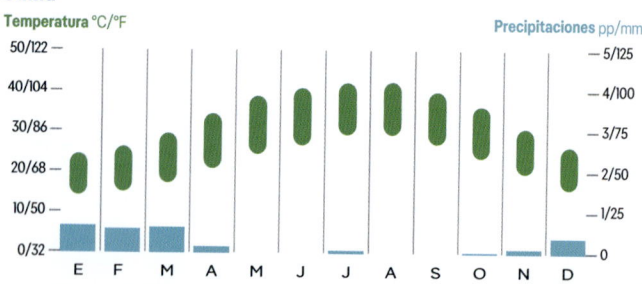

Dubai Fitness Challenge.

Eventos locales

Febrero **Taste of Dubai** es el festival gastronómico. Hay mucho ambiente, chefs estrella, puestos de restaurantes, talleres de cocina, música en directo y ocio.

Octubre-mayo El **Ripe Market,** al aire libre, vende productos, alimentos y artesanía locales, y ofrece actividades para niños, así como un zoo interactivo. También hay conciertos, talleres de bienestar y delicias culinarias.

Noviembre Clases de gimnasia gratis, campos de entrenamiento y programas de *fitness* son los ingredientes del **Dubai Fitness Challenge,** que culmina con la Dubai Run y sus miles de participantes, que corren por Sheikh Zayed Rd en las carreras de 5 y 10 km.

Diciembre o enero Equipos de rugbi 7 internacionales, masculinos y femeninos, se dan cita en el **Emirates Airline Dubai Rugby Sevens.**

CONSEJOS SOBRE ALOJAMIENTO

Las tarifas hoteleras suben y bajan según el clima. A más calor, más barato es el alojamiento. Las mayores gangas se dan en julio y agosto. Si se va a viajar a Dubái en invierno conviene reservar alojamiento con mucha antelación.

✈ Cómo llegar

Casi todos los viajeros llegan al enorme aeropuerto internacional de Dubái de Al Garhoud, uno de los más transitados del mundo. Mide 298 campos de fútbol.

Del aeropuerto al centro urbano

Metro

Los trenes de la línea roja operan desde el aeropuerto de 5.00 a 24.00 de lunes a jueves y sábado, de 5.00 a 1.00 los viernes, y de 8.00 a 24.00 los domingos. Hay que comprar la tarjeta de transporte Nol Card en la estación, y tener en cuenta que solo se pueden llevar dos bultos de equipaje por persona. El coste del trayecto varía según las zonas, pero la tarifa parte de 3 AED. Se tarda 25 min en llegar al centro de Dubái.

Taxi

Siempre hay taxis en el exterior de la terminal principal de llegadas. Seguir las indicaciones de 'taxi' hasta llegar a la cola. Puede ser muy larga, pero avanza con rapidez. Hay una tarifa base de 25 AED. Las tarifas aproximadas son: 50 AED a Deira (15 min), 70 AED al centro de Dubái (20 min), 100 AED a Dubai Marina (25 min) y 120 AED a Palm Jumeirah (30 min).

Lanzadera de hotel

Muchos hoteles de Dubái ofrecen servicio gratuito de lanzadera a los clientes con reserva confirmada. El conductor espera en el vestíbulo de llegadas con un cartel con el nombre del hotel o del pasajero. Los traslados al centro de Dubái duran 25 min, a Palm Jumeirah, 30 min.

Otros puntos de entrada

Aeropuerto Dubai World Central

Es el nuevo centro de transporte aéreo de Dubái, al sur de la ciudad, pero por ahora recibe pocos vuelos. Hay taxis en el exterior de la terminal y un servicio de lanzadera gratuito lo une con el aeropuerto internacional de Dubái.

Terminal de cruceros de Dubái

Casi todos llegan por la Dubai Cruise Terminal, situada en Port Rashid, en Bur Dubai. Algunos barcos llegan a la terminal nueva, Dubai Harbour Cruise Terminal, cerca de Dubai Marina. Es fácil encontrar taxis a la ciudad, y la mayoría de operadores ofrecen autocares.

Cómo desplazarse

Dubái es muy grande, pero sus puntos clave están muy cerca unos de otros. Es una ciudad fácil de recorrer en taxi, autobús, tranvía y metro. Los *abras* (barcos tradicionales de madera) son una forma romántica de cruzar el río, y los taxis acuáticos con motor tienen trayectos con vistas.

Metro

Circula de 5.00 a 24.00 y tiene dos líneas: la roja y la verde. Las paradas más útiles incluyen el aeropuerto, Dubai Mall y Mall of the Emirates. El precio del billete depende de las zonas de viaje.

Bus

Los autobuses circulan a diario por toda la ciudad de 4.00 a 1.00, aunque el horario varía en algunas rutas. Tarifas a partir de 3 AED.

Taxi

Es lo más fácil para desplazarse, pero sufre los atascos del intenso tráfico de la ciudad. Se para en la calle o se reserva con la *app* Dubai Taxi. Tarifas a partir de 12 AED.

'Apps' de transporte

Careem es la versión dubaití de Uber. Usar estas *apps* es más caro

que ir en taxi, pero los vehículos son más elegantes y los conductores ofrecen cargadores de móvil y botellines de agua.

Taxi acuático

Estos taxis zigzaguean de un lado de Dubai Marina a otro, y del Marina Mall a Bluewaters Island. Tarifas a partir de 7 AED.

DESDE LA IZDA.: ZHUKOV OLEG/SHUTTERSTOCK ©, NICOLA PULHAM/SHUTTERSTOCK ©

--- **UNA 'APP' ESENCIAL** ---

S'hail permite recargar la Nol Card, reservar taxis y consultar horarios de autobuses.

Ferri de Dubái

Va del Dubai Marina Mall a Al Shindagha por Bluewaters Island y el Dubai Water Canal, y es ideal para ver la ciudad. El trayecto dura 2 h y pasa por sitios como Atlantis The Palm y el Burj Al Arab. Tarifas a partir de 50 AED; los menores de cinco años viajan gratis.

'Abra'

Los *abras* transportan pasaje por la ría de Dubái mañana, tarde y noche. La tarifa es de 1 AED por trayecto. Se paga en efectivo.

Monorraíl de Palm Jumeirah

Recorre 5,5 km de 9.00 a 22.00 desde el 'tronco' de la isla artificial de Palm Jumeirah hasta Atlantis The Palm, en la punta. Tarifas de ida a partir de 5 AED. Los billetes se compran en la estación o en línea.

Tranvía

Circula de 6.00 a 1.00 por una sola ruta, desde cerca de Madinat Jumeirah hasta Jumeirah Beach Residence (JBR), Dubai Marina y Jumeirah Lake Towers (JLT). El trayecto cuesta 3 AED con una tarjeta Nol plata, y 4 AED con una tarjeta Nol roja.

Transporte público

Billetes

Para viajar en transporte público se necesita una tarjeta Nol recargable. Se pasa por el lector al entrar y salir. Si se va a viajar poco, la mejor opción es una tarjeta Nol roja, cuesta 2 AED y se puede recargar 10 veces. Para viajar un par de días es mejor la Nol plata, que cuesta 25 AED (incluye 19 AED de crédito). Tarifas a partir de 3 AED/1 zona.

Máquinas expendedoras

Las tarjetas Nol se compran en las estaciones de autobús y metro, y en los grandes supermercados como Carrefour, Spinneys y Waitrose. Se recargan en las máquinas o en las taquillas de las estaciones de metro.

ZONAS

La red RTA de transporte de Dubái se divide en siete zonas, de la zona 1 en Dubai Expo City hasta la zona 7 en las afueras; hay un mapa en rta.com. La tarifa depende del número de zonas por el que se viaje. Los trayectos incluyen un transbordo del autobús al metro, tranvía o taxi acuático siempre que se realice en un plazo de 30 min.

1
Zona 1
Sur de Dubái

2
Zona 2
Al Qouz, Al Barsha, Dubai Marina, Jebel Ali

3
Zona 3
Sin servicio de metro; Al Barsha South, Jumeirah Village

4
Zona 4
Sin servicio de metro; Al Warqa'a, Mirdif, Meydan

5
Zona 5
Deira, aeropuerto

6
Zona 6
Bur Dubai, centro de Dubái, Business Bay

7
Zona 7
Sin servicio de metro; Dubai Land, Warsan

PRECIOS

Tarjeta Nol roja de un día
20 AED

Taxi
Desde 12 AED

Trayecto en 'abra'
1 AED

PRECIOS

Billete	1 zona	2 zonas	Más de 2 zonas
Plata	3 AED	5 AED	7,5 AED
Oro	6 AED	10 AED	15 AED
Rojo	4 AED	6 AED	8,5 AED

'PINK TAXIS'

Con conductoras, los taxis rosas son de uso exclusivo para mujeres. Llamar al 80088088 o usar la *app* Dubai Taxi.

Otra cara de Dubái

Algunos encantos inesperados de Dubái incluyen los puestos de comida en la calle, las zonas verdes y la llamada diaria a la oración.

Comida callejera

Aquí el bocado típico es el *sha-warma*. Recuerda al kebab turco y está hecho con una torta rellena de encurtidos, salsa *tahini,* patatas fritas y –el ingrediente estrella– tiras de pollo asado. En cada barrio hay locales de *shawarma*.

El río

En el 2013, el jeque Mohammed, soberano de Dubái, anunció un proyecto para conectar la ría de Dubái con el Golfo. No fue tarea fácil, costó más de 3000 millones de dirhams y conllevó la excavación de enormes tramos de la ciudad, la demolición de zonas residenciales y la reubicación de negocioss. Sin embargo, el resultado es extraordinario: un flamante canal de 12 km que cruza el centro de Dubái y conecta las vías acuáticas comerciales originales de la ciudad con las playas llenas de turistas de la costa.

Zonas verdes

Si bien Dubái es famosa por sus inmensos rascacielos, alberga muchas zonas verdes. El parque Zabeel tiene un jardín de mariposas y un estanque con barcas, y el parque de Mushrif (p. 44) es la zona verde más grande de la ciudad y posee un gran bosque de *ghafs* (el árbol nacional de Dubái).

La llamada a la oración

Es la bella y sosegada *azan* que cantan los muecines cinco veces al día y forma parte del tejido islámico de la ciudad. Al llegar, es buena idea detectar dicha llamada en las mezquitas de los alrededores, porque resulta sorprendente lo rápido que se acostumbra uno a ese sonido y deja de percibirlo.

FUERA DE RUTA

Alojarse en el acogedor **XVA Hotel** (p. 53), en el barrio histórico de Al Fahidi, y admirar arte local.

Guiarse por el aroma hasta el **Museo del Café** (p. 56), donde descubrir el origen del café arábigo.

Observar a los flamencos del **reserva de fauna de Ras Al Khor** (p. 102), que los alberga por cientos.

Poner a prueba el temple saltando desde un avión en tándem con **Skydive Dubai** (p. 114).

'Shawarma' de pollo.

En el parque.

Explora Dubái

Deira 35
Bur Dubai 49
Jumeirah 63
Burj Al Arab y Madinat Jumeirah 77
Downtown Dubai 91
Dubai Marina y Palm Jumeirah 107
Sur de Dubái 123

Merece la pena
Una visita a Hatta 136
Excursión a Abu Dabi 138

Circuitos a pie
Los zocos de Deira 40
Ver historia en Bur Dubai 54
Arte y cultura en Jumeirah 68
Aventura con arte en Alserkal Avenue 84
De ruta por Downtown Dubai 100
Un paseo por el Dubai Marina 112
Descubrir Expo City Dubai 128

Riverland Dubai (p. 126).
CREATIVE FAMILY/SHUTTERSTOCK ©

Sugerencias de lugares para comer, beber y comprar en **p. 46**

Explora
Deira

Al otro lado de la ría desde Bur Dubai, Deira es conocida por su dinámico puerto, cuyos pintorescos muelles están llenos de mercancías. Es uno de los asentamientos que formaron la antigua Dubái y concentra la parte vieja de la ciudad, por lo que es un buen sitio para ver cómo era aquí la vida en el pasado. Al pasear por los zocos del barrio y sus sinuosas callejas se retrocede unas cuantas décadas. El icono de Deira es el zoco del oro, un extenso conjunto de tiendas cerca de la desembocadura de la ría lleno de joyas relucientes y otros tesoros. Cerca están el zoco de las especias de Deira y el zoco de los perfumes, los antecesores de los famosos centros comerciales de lujo dubaitís.

Cómo desplazarse

 A pie
Los principales puntos de interés de Deira están juntos, casi todos ellos en la desembocadura de la ría; se puede ir a pie.

 Metro
A Deira llegan la línea roja y la verde, que se cruzan en Union Station. La roja da servicio al aeropuerto.

 'Abra'
Los *abras* (barcos tradicionales de madera) conectan los zocos de Deira con Bur Dubai, al otro lado de la ría.

 **Autobús**
Varios autobuses operan en la zona, circulan desde la Deira Autobús Station.

LO MEJOR

De compras en el **ZOCO DEL ORO** (p. 38).

Hacer un **TRAYECTO EN 'ABRAS'** (p. 42).

Disfrutar de la naturaleza en el **MUSHRIF NATIONAL PARK** (p. 44).

Ir a la playa de **AL MAMZAR BEACH PARK** (p. 44).

Hacer una excursión a **DUBAI CREEK GOLF & YACHT CLUB** (p. 44).

'Abras', ría de Dubái.

Map labels

F **E** **D** **C** **B** **A**

1 **2** **3** **4**

DUBAI ISLANDS

Ría de Dubái (Khor Dubai)

DEIRA CORNICHE

AL BARAHA

ABU HAIL

Hospital de Dubái

Hospital Al Kuwait

Abu Baker Al Siddique Rd

Al Khaleej St

Baraha St

Al Rashed Rd

Al Rasheed Rd

Hor Al Anz St

7th St

DEIRA

15 Deira Corniche

13th St

10th St

4th St

Baraha St

Al Rashed Rd

Al Muteena St

Al Muteena Rd

25

Omar bin Al Khattab St

45th St

5 Burj Nahar

AL MUTEENA

Al Muteena St

Sala Al Din

26 **17**

Infinity Bridge Rd

103rd St

Nudo de Al Khaleej

6th St

2nd St

22nd St

74th St

Naif Rd

Salahuddin Rd

15th St

103rd St

32

Al Musalla St

AL RIGGA

Al Nakhal St

NAIF

Al Maktoum Hospital Rd

4th St

35 Al Rigga Rd

40A St

Gold Souq

Al Khaleej St

17

21st St

18th St

Naif Rd

Deira St

Al Burj St

Al Musalla Rd

14A St

18th St

Banyas Square

Cementerio de Al Rigga

Union St

8th St

Union Square

Omar bin Al Khattab Rd

33

20

Al Maktoum Rd

Al Khor St

21

4 National Bank of Dubai

23

Corniche St

Ittisa St

Al Salami St

Museo de la Mujer

3

Al Khor Rd

8 Zoco de los perfumes

Zoco de la Mujer

Al Daghaya St

18

Al Sabkha Rd

10th St

Banyas Rd

Al Souk Al Kabeer St

1

Geewin Café

Zoco del oro

AL RAS

Estación de 'abras' de Deira Old Souq

Ría de Dubái (Khor Dubai)

Al Seef St

Rotonda de Al Seef

Barrio histórico de Al Fahidi

AL HAMRIYA

Al Seef St

AL GHUBAIBA

Al Khor St

Al Ahmadiya St

Al Nakhal St

Sikkat Al Khail Rd

AL RAS

Banyas Rd

Al Fahidi St

Al Musallah St

Sharaf DG

Sharaf DG

KARAMA

3rd St

Más información

Imprescindible ⭐ p. 38
Experiencias 🌸 p. 42
Comer 🍴 p. 46
Beber 🍷 p. 47
Comprar 🛍 p. 47

0 | 1 km

Aeropuerto internacional de Dubái ✈

Concourse D

HOR AL ANZ

AL KHABAISI

Abu Baker Al Siddique

Abu Baker Al Siddique Rd

Bait Al Mandi

Al Rigga

Al Rigga Rd

Al Muraqqabat Rd

108/1 Rd
4A St
8th St

Al Ittihad St

Sheikh Rashid Rd

Al Maktoum Rd

Torre del reloj de Deira

RIGGAT AL BUTEEN

33C St
4A St
19th St

Muelle de 'dhows'

PORT SAEED

Umm Hurair Rd

City Centre Deira
8th St

Dampa Seafood Grill

Baniyas Rd
Baniyas Rd

BUR DUBAI

GARHOUD

Airport Rd

GGICO

Sheikh Rashid Rd

Puente flotante (cerrado temporalmente)

Río de Dubái (Khor Dubái)

Park Hyatt Dubái

Dubai Creek Golf & Yacht Club

Riyadh St

Umm Hurair Rd

Al Ittihad St

Khaled bin Al Waleed Rd (Bank St)

Oudhmetha St

Zabeel Rd

Umm Hurair Rd

UMM HURAIR

Children's City

★ **IMPRESCINDIBLE**

Zoco del oro

A Dubái la llaman la Ciudad del Oro, un apodo que queda justificado en este zoco, que alberga 300 tiendas llenas de anillos, collares y pendientes. Invita a pasear por la arcada central de celosías de madera y a admirar el tesoro que la rodea.

PLANO: P. 36 **B1**

CONSEJO
La estación de metro Dubai Gold Souq está a 12 min andando del centro del zoco, pero la estación Al Ras queda un poco más cerca. Ambas están en la línea verde.

Escanea este código QR para precios, horarios y demás.

Los inicios

Dubái empezó a comercializar oro cuando decayó la industria de las perlas, antes de descubrir el petróleo; por ello el zoco del oro es uno de los mercados más antiguos del emirato, de principios del s. xx, donde los joyeros de la ciudad vendían sus mercancías. Floreció en 1940, cuando Dubái introdujo las políticas del libre comercio que atrajeron a comerciantes de países como la India e Irán a establecerse en el emirato, y prosperó aún más en la década de 1970, con el *boom* del petróleo.

Orientarse en el zoco

En la actualidad, todo el oro de la ciudad está regulado por el Gobierno, así que no hay que peligro de comprar algo falso. Los precios del zoco son justos, y el regateo es habitual. Y no solo hay oro, también se puede comprar plata, platino, perlas, diamantes y piedras preciosas. El mejor momento del día para visitarlo es al final de la tarde, porque por la mañana hay muchos grupos de turistas y al mediodía muchas tiendas cierran para comer.

El zoco está repleto de diseños de todo el mundo, en una amplia variedad de quilates y colores, pero incluso hay tiendas que hacen joyas por encargo en un par de días.

DMITRIY FELDMAN SVARSHIK/SHUTTERSTOCK ©

Qué ver si no se compra

Si se entra por la puerta 3 se verá el anillo de oro más pesado del mundo (arriba). Esta impresionante joya no es para todos los gustos, pero sí es digna de admirar. El anillo, de 21 quilates, pesa 64 kg y está adornado con 5 kg de diamantes y 615 cristales Swarovski. También puede uno sentarse en un banco, pedir una bebida en uno de los puestos y dedicarse a observar a la gente: autocares cargados de turistas, lugareñas ataviadas con *abayas* (túnicas) y comerciantes laboriosos.

UNA PAUSA
Vencer el calor y recuperar fuerzas con un helado de **Geewin Cafe** (PLANO: P. 36 **B1**) de leche de camello, pistacho, dátiles o azafrán.

EXPLORA

DEIRA

Los zocos de Deira

Los zocos de Deira son uno de los lugares con más carisma de la ciudad. Ni hoteles de cinco estrellas, ni *boutiques* de lujo, aquí reinan el bullicio, el regateo, el color y el caos; y, con suerte, se encuentran gangas.

INICIO	FINAL	DURACIÓN
Estación de 'abras' de Deira Old Souq	Shabestan	4 km; 3½ h

1 Las especias de la vida

Bajar del barco en la estación de *abras* de Deira Old Souq y seguir el embriagador aroma del cercano **zoco de las especias.** El colorido despliegue de cardamomo, canela, azafrán, pétalos de rosa, cúrcuma e incienso de cada puesto es un festín para la vista, y los comerciantes invitan a tocar, oler y probar las especias que venden.

2 A la caza del tesoro

Ir a Al Ras Rd y torcer a la derecha por Old Baladiya St, donde se halla la puerta de madera enrejada que marca la entrada del famoso **zoco del oro** (p. 38). Allí se puede ver el anillo más grande del mundo en todo su esplendor y curiosear por los puestos de oro, plata, platino y piedras preciosas.

3 Guiarse por el olfato

Bajar por Souk Deira St en dirección a la ría y torcer a la izquierda en 10th St para ir al **zoco de los perfumes** (p. 43). Este barrio es el sitio perfecto para comprar un frasco de *oud* (incienso de madera de agar) árabe o de *attar* (perfume), y muchas tiendas elaboran fragancias personalizadas con las esencias de los frascos de cristal que hay en los estantes tras los mostradores. ¡Hay que regatear!

4 Vestir como los lugareños

Seguir por 18th St, torcer a mano izquierda por Al Sabkha Rd y a la derecha por Deira St para ir al **mercado de Naif,** que en su día fue un mercado de camellos y hoy es un alegre bazar ubicado en un edificio de estilo árabe de dos plantas. Vende tejidos, cuero y otros productos, como *abayas;* los precios van desde 50 AED hasta más de 1000 AED.

5 Rascacielos gemelos

Desde aquí, seguir por Deira St, torcer a la derecha por 11B St, a la izquierda por Al Burj St y a la derecha por la principal D89 (Al Musalla Rd), luego bajar hacia la ría. Pararse a ver las **Deira Twin Towers:** dos rascacielos idénticos de 102 m de altura que forman parte del perfil urbano de la ría de Dubái desde hace más de 20 años.

6 Comer con vistas

Seguir por la D85 (Baniyas Rd), a lo largo del paseo marítimo, en dirección al **Radisson Blu Hotel,** el primer hotel de cinco estrellas de la ciudad. Aquí se puede saborear auténtica cocina persa en **Shabestan** (p. 46), un sitio con mucho ambiente donde disfrutar de la comida y de las vistas a la ría de Dubái.

EXPERIENCIAS

Ver la antigua Dubái desde el agua
PASEO EN BARCO

PLANO: **1** P. 36 **B2**

Los *abras* –barcos de madera tradicionales cuyo nombre significa "cruzar" en árabe– flanquean ambas orillas de la ría de Dubái y todavía se usan para ir a Deira desde Bur Dubai. No hay más que subir a cualquier *abra* en la **estación de 'abras' de Deira Old Souq** y sentarse en el banco de madera central. El piloto o su ayudante pasan a cobrar el billete (1 AED); hay que pagar en efectivo. Al navegar se ve el paisaje de la antigua Dubái: casas tradicionales, minaretes e impresionantes torres de viento al lado de los edificios modernos de la ciudad, con fachada de cristal y hoteles de varios pisos. Tras un trayecto de 5 min se desembarca en la estación de *abras* de Bur Dubai, desde donde se puede ir a pie al zoco de los tejidos y al barrio de Al Fahidi (p. 52).

Dejar volar la imaginación en Children's City
MUSEO DE CIENCIA

PLANO: **2** P. 36 **A8**

En **Children's City,** una atracción tranquila en Creek Park, en las afueras de Deira, los niños pueden ejercitar el cuerpo y la mente. Es un gran centro de entretenimiento interactivo que gira en torno a temas como el cuerpo humano, la naturaleza y la cultura árabe. También hay un planetario para descubrir el cielo nocturno, las estrellas y las galaxias, y una sección de aeronáutica donde los niños aprenden qué es la gravedad, crean un tornado y averiguan cómo es pilotar un avión. Hay una zona de juegos para los más pequeños, un parque al aire libre, una biblioteca y un café. La entrada cuesta 50 AED, mucho menos que las de otras atracciones.

Descubrir historias de las mujeres de Dubái en Bait Al Banat
MUSEO

PLANO: **3** P. 36 **B1**

Oculto en el laberinto de calles al norte del zoco del oro, este fascinante museo que no es fácil de encontrar está dedicado a algunas de las mujeres más relevantes de los EAU. Con un nombre en árabe que se traduce como "La casa de las chicas", el **Museo de la Mujer** cuenta con galerías, exposiciones y zonas que muestran los múltiples logros de las emiratíes. Destaca el espacio Diwan Ousha Bint Khalifa, dedicado a la vida y la obra de la aclamada poetisa de los EAU.

Seguir los comienzos de Dubái junto a la ría
HISTORIA

En este barrio histórico a orillas de la **ría de Dubái,** entre zocos renovados y construcciones modernas, hay edificios con siglos de historia. Se pueden ver comerciantes cargando mercancía en barcos de madera, desde televisores hasta neumáticos, especias y café instantáneo. Aquí está la sede del **National Bank of Dubai** (PLANO: **4** P. 36 **B4**), que ocupa un reluciente edificio dorado de cristal y granito que recuerda a las velas de un barco. Esta torre, alzada en la década de 1990, fue uno de los primeros edificios modernos que se erigieron en la nueva Dubái marcada por el lujo. La narrativa siempre cambiante de la ciudad también está en **Burj Nahar** (PLANO: **5** P. 36 **D3**), una torre de agua construida como una de las fortalezas de seguridad originales del emirato, y la **torre del reloj de Deira** (PLANO: **6** P. 36 **C6**), en recuerdo de la primera exportación de petróleo de los EAU, un suceso clave en la historia del país.

Saborear pescado fresco en el paseo marítimo de Deira MERCADO

PLANO: **7** P. 36 **F2**

Abre todo el día, pero cuando está más lleno es por la mañana. En Deira Corniche, ocupa el lugar del antiguo mercado de pescado de la ciudad. Bullicioso y animado, es el mayor **mercado de pescado y marisco** de Oriente Medio. Cuenta con más de 400 puestos donde se vende de todo, desde atún y pargo hasta *hamour* y sardinas, y se ven porteadores cargando carros llenos de la pesca del día mientras los vendedores vocean sus ofertas a los clientes. Se puede comprar pescado y pedir a los cocineros que lo asen en el mismo mercado.

Despertar los sentidos en el zoco de los perfumes BAZAR

PLANO: **8** P. 36 **B1**

Las tiendas del **zoco de los perfumes** parecen boticas antiguas. Albergan frascos de cristal con cientos de fragancias a base de aceite. Los perfumes son clave en Oriente Medio, y van desde contundentes aromas a madera hasta suaves esencias florales. Se elige uno y los dependientes lo embotellan en un frasquito de cristal. Si se tiene una fragancia favorita, se puede llevar como ejemplo: algunos vendedores elaboran perfumes a medida. Este es también el sitio donde descubrir el *oud* (un aceite aromático de madera de agar muy apreciado por los emiratíes) y el *bakhoor* (virutas de madera perfumada).

 CONSEJOS PARA REGATEAR

• Comprobar que el precio que ofrecemos se corresponde con el precio de mercado del día. • No pagar el primer precio que nos den. • Hacer una contraoferta con un precio más bajo del que se está dispuesto a pagar, pero sin excederse, ya que el vendedor puede molestarse. • Ofrecer pagar en efectivo. • Si la negociación no sale bien, sonreír y despedirse. Si el vendedor de verdad quiere vender, seguirá al comprador y ofrecerá un precio mejor. Si no, siempre hay más tiendas donde comprar.

Relajarse en el Dubai Creek Golf & Yacht Club   RESORT

PLANO: **9** P. 36 **B8**

A orillas de la ría de Dubái, este **resort y club deportivo** está considerado por la revista *Golf World* como uno de los 100 mejores campos de golf del mundo, pero lo que más interesa a la mayoría de viajeros es el resort. Alejado del barullo de Deira por una carretera bordeada de palmeras, es un sitio ideal para pasar un día tranquilo en familia. Destaca la piscina del club, pero también se puede ir a jugar al minigolf. El popular QDs (p. 47), junto al agua, es perfecto para tomar una copa con la puesta de sol. Si apetece quedarse a pasar la noche, se puede reservar habitación en el **Park Hyatt Dubai** (PLANO: **10** P. 36 **B8**), de cinco estrellas, que parece recién traído desde la costa del mar Egeo.

Gozar de la naturaleza en el Mushrif National Park   PARQUE NACIONAL

PLANO: **11** P. 36 **A5**

Al este de Deira, el **Mushrif National Park** es el 'abuelo' de todas las zonas verdes de Dubái. Es ideal para rodearse de naturaleza. Inaugurado en 1974, es un parque rico en fauna y vegetación salvaje. Incluye un bosque protegido de 35 000 m² de *ghafs,* árboles resistentes a las sequías. Esta extensa zona verde es mayor que el resto de parques de la ciudad y cuenta con zonas de pícnic y de barbacoa,

dos piscinas, pistas de baloncesto, voleibol y tenis, y un circuito para correr. También tiene una red de rutas de senderismo nueva, con 10 km de senderos señalizados, que es de acceso gratuito y está abierta todo el año, apta para principiantes y expertos. Toca calzarse las botas de montaña y recorrer los distintos terrenos del parque: arena, cuestas y praderas. Esta red de rutas tiene aseos públicos, esculturas y puentes, e invita a pasar una tarde entera.

Pegarse una comilona filipina en Dampa Seafood Grill   RESTAURACIÓN

PLANO: **12** P. 36 **C6**

Un buen sitio para comer al estilo filipino. Es una **marisquería** de la antigua Dubái. Recién reformada, conserva su esencia de local de calle, con luces de neón y decoración de estilo industrial. Los comensales se sientan a la mesa y dejan que los camareros traigan marisco fresco, mazorcas, almejas y gambas. Luego hay que ponerse el delantal y los guantes, y empezar a cocinar. Es una experiencia ideal si es compartida.

Tomar el sol en Al Mamzar Beach Park   PLAYA

PLANO: **13** P. 36 **F2**

Al Mamzar Beach Park es el parque septentrional de Dubái. Ocupa 106 Ha y alberga más de 1600 palmeras y 300 cocoteros, cinco playas de arena, zonas verdes, parques infantiles, zonas de barbacoa, carriles-bici y un anfiteatro, además de tres piscinas. Si apetece pasar un día de piscina en Dubái, la entrada de este parque es una de las más económicas de la ciudad. Hay vestuarios, duchas y aseos, e incluso se puede alquilar un chalé. La guinda es que es uno de los primeros parques inteligentes de la ciudad, con bancos que almacenan energía solar, ofrecen wifi y permiten cargar el móvil sin cable. Las cápsulas-oasis inteligentes convierten el agua de mar en sistemas de refrigeración por pulverización.

Saborear las tradiciones en el restaurante Bait Al Mandi
ORIENTE MEDIO

PLANO: **14** P. 36 **D5**

Bait Al Mandi ofrece raciones generosas a precios moderados. Es una cadena de restaurantes sencilla especializada en *mandi,* un plato típico de Oriente Medio que nació en Yemen y que consiste en carne guisada con una mezcla especial de especias. Se sirve con arroz y salsa de chile, y viene a ser la versión del *biryani* de Oriente Medio. También sirve otros platos emiratíes e indios.

Visitar Deira Corniche
PASEO MARÍTIMO

PLANO: **15** P. 36 **E1**

No debe confundirse con Deira Creekside. **Deira Corniche,** en el lado noreste del barrio, está en obras para convertirse en una amplia explanada junto al mar.

LOS MEJORES CRUCEROS EN 'DHOW' DE DEIRA

Deira Dhow Cruise
Operador que cuenta con una pequeña flota de barcos de cruceros, desde los más económicos (30 EAD) hasta los más lujosos, con cena.

Al Mansour Dhow Cruise
El bar con servicio completo y los conciertos realzan el encanto del almuerzo y la cena en los cruceros en este *dhow* de madera.

Tour Dubai
Cruceros de lujo con cena a bordo de un *dhow* de madera tradicional con cubierta al aire libre y zona con aire acondicionado.

La primera parte de esta avenida es un muelle de *dhows,* pero también alberga varios buenos hoteles en primera línea de mar con precios más razonables que los de las otras costas de la ciudad. Más al norte hay grandes vistas de la urbe desde el puente que va a las Dubai Islands, y aquí también es donde se hallan el mercado del paseo marítimo y las zonas residenciales emergentes.

SUGERENCIAS

Lo mejor para...

⑤ Económico **⑤⑤** Medio **⑤⑤⑤** Alto

Comer

Dulces tradicionales

Al Samadi Sweets ⑤
16 D5
Famosa tienda del animado barrio de Muraqqabat, en Deira. Vende dulces, tartas y bollería árabe. *10.00-23.00*

Fakhri Sweets Farsan & Bakery ⑤
17 C1
Originaria de Mumbai (Bombay), esta tiendecita vende dulces tradicionales indios. *9.00-23.00*

Eman Sweets ⑤
18 C2
También llamada Butt Sweets, esta veterana pastelería vende varios tipos de dulces que reflejan la rica tradición culinaria de Oriente Medio. *6.00-23.00*

Qwaider Al Nabulsi ⑤
19 D4
Sirve un menú completo, pero este luminoso local es famoso por sus dulces. Destaca el *kunafeh* (un pastelito tibio de queso con sirope). *8.00-2.00*

Cenas elegantes

Shabestan ⑤⑤
20 C3
Disfrutar del aroma del *khubz* (pan) recién hecho mientras se saborean platos típicos persas como *ghormeh sabzi* (estofado de cordero) y *tachin* (arroz al azafrán con pollo y bayas silvestres). *12.00-23.00*

Thai Kitchen ⑤⑤
véase **10** B8
Auténtica cocina tailandesa elaborada por chefs nativos en el hotel Park Hyatt Dubai. Sus platos se inspiran en los bocados callejeros de Bangkok, y las mesas tienen vistas a la ría. *18.00-24.00*

Omakase-ya ⑤⑤
21 B4
Sirve uno de los mejores *sushis* de la ciudad y la decoración es maravillosa. Un restaurante japonés auténtico. Está en el Sheraton Dubai Creek y tiene terraza para cenar al aire libre cuando el clima lo permite. *18.00-3.00*

Noepe ⑤⑤
22 B8
Un cachito del cabo Cod. Sirve platos para compartir

y tiene una extensa carta de cócteles. *12.00-1.00*

Vegetarianos y veganos

My Govindas ⑤
23 C1
Vegetariano. Sirve comida india *sattvic* –saludable, equilibrada y pura–, platos chinos, tentempiés y dulces. *8.30-23.30*

Kamat Vegetarian ⑤
24 C7
En Deira City Centre, muy bien decorado y con sillas cómodas. Ofrece más de 300 platos vegetarianos, casi todos de origen indio. Pedir *thali* es ideal para probar platos. *11.00-24.00*

Saravana Bhavan ⑤
25 E4
Originaria de Chennai (Madrás), esta cadena está muy bien considerada. Sirve platos vegetarianos sencillos y nada caros en un ambiente desenfadado. *7.00-23.00*

Delicias árabes

Aroos Damascus ⑤
26 D4
Sirve cocina siria desde 1980. Destacan los deliciosos *mezze*, seguidos de sabrosos kebabs. Cuando

el clima lo permite se puede cenar en la terraza. *7.00-3.00*

Al Tawasol
 27 D5

Cocina tradicional yemení en un local acogedor. Los comensales pueden sentarse sobre la alfombra, en el comedor principal, o comer en una tienda beduina privada si van en grupo. *11.00-0.30*

Aseelah
véase **20** C3

Combina cocina emiratí tradicional y moderna en un sitio elegante con las mejores vistas a la ría. Destaca el muslo de pollo relleno de dátiles y el *ouzi* (carne con arroz especiado) de cabra. *19.00-23.00 vi, 12.30-16.00 sa*

Beber

Cervecerías y 'pubs'
Irish Village
 28 C8

Este *pub* y su amplio jardín son una institución en Dubái desde hace casi 30 años. Muy buena comida, buenas pintas y música en directo. *11.00-1.00*

The Pub
véase **20** C3

Ofrece una auténtica experiencia británica.

Es un sitio sencillo y acogedor donde pasar la tarde: hay retransmisiones deportivas, mesas de billar y una extensa selección de cervezas. *12.30-1.00*

Coctelerías
QDs
 29 B7

Para tomar cócteles contemplando los pintorescos *dhows* que navegan por la ría y las impresionantes vistas de la puesta del sol. La *pizza* está muy rica. *17.00-2.00*

Cielo Sky Lounge
 30 B8

Uno de los sitios más pijos de esta parte de la ciudad. Ofrece cócteles con vistas a la puesta de sol al otro lado de la ría. *17.00-2.00*

Cu-Ba
 31 C8

Romántica azotea donde sirven tapas, bocaditos y cócteles con vistas al perfil urbano de la ciudad. *15.00-2.00*

Helios
 32 D1

Bar *lounge* en una azotea que sirve comida griega y cócteles creativos con vistas a la puesta de sol. *10.00-1.00*

Up on the 10th
 33 C3

En la 10ª planta del hotel Radisson, este bar ofrece melodías suaves, coloridos

cócteles y grandes vistas de la ciudad. *18.00-23.30*

Comprar

Moda
City Centre Deira
 34 C7

Un centro comercial de buen tamaño, con tiendas de marcas como H&M y Zara, además de otras marcas locales donde comprar *souvenirs* y artesanía local. Buenos restaurantes. *10.00-1.00*

Al Ghurair Centre
 35 C4

El centro comercial más antiguo de la ciudad lleva 44 años en activo. Recién remodelado, además de un montón de tiendas, tiene un enorme cine. *10.00-24.00*

'Souvenirs'
Al Jaber Gallery
 36 C7

En City Centre Deira, esta tienda de una cadena vende desde juegos de té árabes hasta camellos de juguete. *10.00-22.00*

Bateel
 37 C7

Los dátiles son muy populares en la cultura beduina y en este sitio tienen unos de los mejores: una caja de dátiles es un bonito obsequio. *10.00-1.00*

Sugerencias de lugares para comer, beber y comprar en **p. 60**

Explora
Bur Dubai

Es el barrio más antiguo de la ciudad y un lugar maravilloso para pasear gozando de las vistas, los sonidos y los aromas. Los barrios de Bur Dubai carecen del lujo que uno imagina al pensar en Dubái, pero tienen su encanto. Absorbido hoy por Bur Dubai, el otrora barrio de Al Shindagha es donde se cree que nacieron las industrias de la pesca y la perla dubaitíes. Aquí se puede recorrer una parte importante de la historia de la ciudad. Es buena idea 'perderse' una tarde por el barrio de Al Fahidi, explorar sus laberínticas calles repletas de galerías, cafés, museos y otras delicias ocultas; visitar Meena Bazaar, la pequeña India de Dubái, o ir en busca de gangas en Karama, donde venden *souvenirs* asequibles y se puede comer a precios muy razonables.

Cómo desplazarse

 A pie
Es fácil ir a pie a los principales puntos de interés de Bur Dubai.

 Metro
Las líneas roja y verde del metro se cruzan en la estación de BurJuman. La verde sigue hasta el histórico Bur Dubai y luego cruza la ría hasta Deira.

 **'Abra'**
Los taxis acuáticos unen Bur Dubai y Deira desde dos estaciones próximas al zoco de Bur Dubai.

 **Autobús**
Varios autobuses operan desde la estación de Al Ghubaiba, en el barrio de Al Shindagha, en Bur Dubai, al oeste de la ría.

Zoco de Bur Dubai (p. 55).
FRANTIC00/SHUTTERSTOCK ©

LO MEJOR

Recorrer el barrio histórico **AL FAHIDI** (p. 52).

Comer en el **ARABIAN TEA HOUSE** (p. 57).

Ver las mejores vistas en **DUBAI FRAME** (p. 57).

Contemplar el hotel flotante **'QUEEN ELIZABETH 2'** (p. 57).

Visitar el **MUSEO DEL CAFÉ** (p. 56).

Mina Rashid Marina
Queen Elizabeth 2
Port Rashid
Autoridad Aduanera de Port Rashid
PORT RASHID
AL MINA
Nudo de Falcon
AL SHINDAGHA
Museo de Al Shindagha
BARRIO HISTÓRICO DE AL SHINDAGHA
Casa del jeque Saeed Al Maktoum
Rotonda de Al Khaleej
Al Shindagha Tunnel
Al Ghubaiba
Ferris de Dubái
Al Ras
DEIRA
AL RAS
AL BATEEN
Frying Pan Adventures
Bazar de Meena
Zoco de Bur Dubai
Sartor
Parmar
Tichi's Tailoring Boutique
Museo de Dubái
AL SOUQ AL KABIR
Ría de Dubái (Khor Dubai)
Véase la ampliación de Al Fahidi
Sharaf DG
Al Fahidi
Barrio histórico de Al Fahidi
Museo de la Moneda
XVA Hotel
Museo del Café
Arabian Tea House
Centro para el Entendimiento Cultural Jeque Mohammed
AL HAMRIYA
0 100 m
0 500 m
Sheikh Rashid St
Sheikh Sabah Al-Ahmad Al-Jaber Al-Sabah St
Al Khaleej St
Jumeirah St
Al Mina Rd
Al Ghubaiba Rd
Infinity Bridge Rd
Baniyas Rd
Al Musallah St

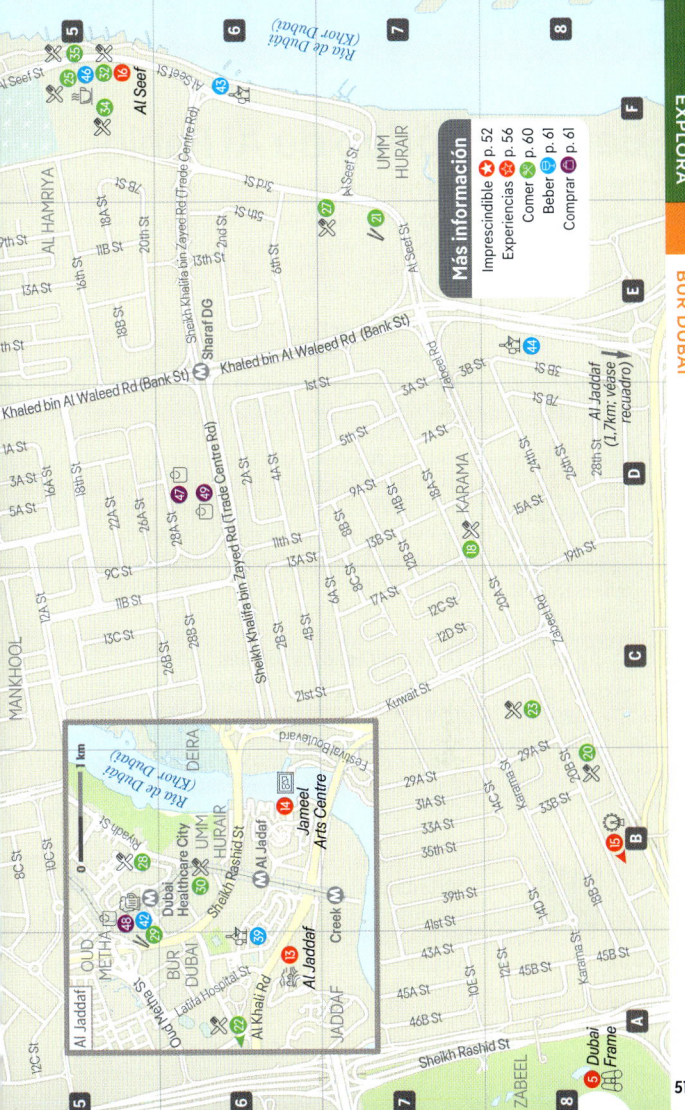

Más información

⭐ Imprescindible	p. 52
Experiencias	p. 56
Comer	p. 60
Beber	p. 61
Comprar	p. 61

Ría de Dubái (Khor Dubái)

UMM HURAIR

AL HAMRIYA

Al Seef

MANKHOOL

Sharaf DG

Khaled bin Al Waleed Rd (Bank St)

KARAMA

Sheikh Khalifa bin Zayed Rd (Trade Centre Rd)

Al Jaddaf (1,7 km; véase recuadro)

DEIRA

Festival Boulevard

Kuwait St

Dubai Healthcare City

UMM HURAIR

Jameel Arts Centre

Al Jaddaf

BUR DUBAI

OUD METHA

Creek

Latifa Hospital

JADDAF

Al Khail Rd

Oud Metha St

Al Jaddaf

ZABEEL

Sheikh Rashid St

🌟 Dubai Frame

★ **IMPRESCINDIBLE**

Barrio histórico de Al Fahidi

Este barrio restaurado del s. XIX invita a huir del bullicio de la Dubái moderna. Se puede pasar una tarde deambulando sin rumbo por sus sinuosas calles, viendo museos y tiendas, y hacer una pausa en un café.

PLANO: P. 50 **B2**

CONSEJO
Es fácil perderse en este barrio tan enrevesado, las calles se parecen mucho entre sí. Lo mejor es contar con un GPS.

Escanea este código QR para informarse sobre los eventos del barrio.

Explorar la antigua Dubái

Antaño conocido como Bastakiya, este barrio restaurado del s. XIX es un sitio fascinante al que retirarse de la metrópolis moderna y pasar una mañana paseando por calles laberínticas llenas de galerías, museos, exposiciones y cafés. Junto a la ría de Dubái y con gran parte de su estructura original preservada, captura el encanto del viejo mundo. También es uno de los mejores sitios donde ver ejemplos de cómo se acondicionaba el aire antaño: con unas torres de viento construidas de arenisca, madera de palmera y coral.

Descubrir tesoros locales

Las sinuosas calles albergan tesoros ocultos, como el **Museo de la Moneda** (PLANO: P. 50 **B2**), que expone casi 500 monedas; una zona de juegos de arena, y puestos de venta de tejidos, velas y otros artículos. Hay galerías únicas, como Akkas Visual Art o Art Connections, donde contemplar obras de artistas locales e internacionales.

En la desembocadura de la ría está el **Museo Al Shindagha** (PLANO: P. 50 **E1**), un punto clave del barrio histórico restaurado donde vivían los jeques dirigentes. Muy bien adecuado con muestras interactivas, elementos multimedia, objetos recuperados y casas históricas revitalizadas, ofrece a las visitas la oportunidad de disfrutar de un circuito autoguiado que permite ver cómo se vivía en esta ciudad antes del *boom* del comercio.

MAGSPACE/SHUTTERSTOCK ©

Un vistazo al pasado

El fuerte de Al Fahidi es el edificio más antiguo que hay en pie en Dubái, y la sede del **Museo de Dubái** (PLANO: P. 50 **E3**). Si bien el museo permanece cerrado por reformas, es posible admirar el edificio, que data de 1787, y el barco de Al Fahidi, un *dhow* de madera que perteneció a uno de los gobernantes de la ciudad.

Alojarse con arte

Si un día no basta, es posible pasar la noche en una antigua residencia transformada en hotel-*boutique*, **XVA Hotel** (PLANO: P. 50 **B3**). Sus 15 habitaciones cuentan con farolillos, vigas de madera y acogedoras alcobas. En el hotel se halla la **XVA Gallery,** especializada en arte contemporáneo, que ofrece varias exposiciones a lo largo del año.

UNA PAUSA

El monísimo café del XVA Hotel bien merece una visita. Sirve deliciosos platos vegetarianos y un **café** excelente.

CIRCUITO A PIE

Ver historia en Bur Dubai

Este circuito que recorre la parte más antigua de Dubái sale del barrio histórico de Al Fahidi, con sus calles angostas y carismáticas y sus torres de viento, y sigue la ría, pasando por varios de los grandes puntos de interés tradicionales, para terminar en un museo interactivo.

INICIO	FINAL	DURACIÓN
Barrio histórico de Al Fahidi	Museo Arqueológico de Saruq Al Hadid	3 km; 2-3 h

❶ Un paseo por el pasado

La ruta comienza con un pequeño paseo por las angostas calles del **barrio histórico de Al Fahidi** (p. 52), donde se ven las antiguas torres de viento.

❷ Arte

La siguiente parada es **Majlis Gallery,** en la linde sur del barrio. Es la galería de bellas artes más antigua de Dubái y ocupa un antiguo domicilio privado. La colección se centra en obras de artistas locales; hay acuarelas, óleos, láminas, fotos, cerámica y otras piezas.

❸ Un museo y vistas de un minarete

Ir hacia el oeste por Al Fahidi St en dirección al **Museo de Dubái.** Mientras se escribían estas líneas estaba cerrado por reformas, pero será el lugar donde conocer la historia, el patrimonio y el desarrollo de esta ciudad tan próspera. Más allá del museo se divisa el minarete más alto de Dubái, que corona la **Gran Mezquita.** Esta mezquita, que antaño era una *kuttab* (escuela) dedicada al estudio del Corán, ofrece visitas gratuitas los martes, jueves y domingos por la mañana.

❹ La pequeña India

Seguir por la calle que queda a mano derecha de la mezquita para adentrarse en la diminuta **Hindi Lane,** una callejuela vibrante y colorida llena de tiendecitas que venden parafernalia religiosa. Alberga el único templo hindú de Dubái.

❺ Día de mercado

Al salir de Hindi Lane se llega a las arcadas de madera del **zoco de Bur Dubai,** a orillas de la ría histórica. Repleto de tiendas pintorescas que venden todo tipo de tejidos, es el lugar ideal para comprar seda, cachemir y lana, además de *souvenirs* y baratijas curiosos.

❻ Vistas al mar

Cargar con la compra hasta el paseo marítimo, donde se puede sacar una buena fotografía de los *abras* de la **estación de 'abras' de Dubai Old Souq** y luego seguir la ría hacia el norte rumbo al barrio histórico de Al Shindagha.

❼ Fotos de la antigua Dubái

Repleto de las antiguas residencias históricas de la familia gobernante de Dubái, el marítimo **barrio histórico de Al Shindagha** es objeto de una gran remodelación, pero pese a las obras hay que ir a ver la espléndida **casa del jeque Saeed Al Maktoum** (p. 56) y maravillarse con su colección de fotografías de la antigua Dubái.

❽ Una mirada al pasado más remoto

Retroceder por el paseo marítimo para ir al **Museo Arqueológico de Saruq Al Hadid** a contemplar los hallazgos de las últimas excavaciones realizadas en Dubái, bellamente expuestos. Algunas de estas piezas las descubrió el gobernante de Dubái al sobrevolar en helicóptero el desierto de Rub' Al-Jali.

Descifrar las maravillas del café árabe

MUSEO

PLANO: **1** P. 50 **A3**

Fragante, muy caliente y de color amarillento, el *gahwa* (café árabe) es un elemento clave de la hospitalidad emiratí. Servido por tradición a los huéspedes como símbolo de generosidad, se preparaba cuando llegaban visitas a casa. Para saber más sobre este ritual se puede ir al **Museo del Café,** un pequeño centro privado en una antigua villa residencial del barrio histórico de Al Fahidi. Recorre la historia del humilde grano de café, desde los pastores etíopes de cabras hasta las plantaciones de Yemen, y se aprende un montón sobre esta bebida y su relevancia en los actos sociales de Oriente Medio. También se cata el *gahwa* tradicional, acompañado de ricos dátiles frescos. Y lo mejor es que la entrada es gratuita.

Comprender la cultura emiratí

CENTRO CULTURAL

PLANO: **2** P. 50 **B3**

Quien quiera conocer mejor la cultura emiratí puede visitar el **Centro para el Entendimiento Cultural Jeque Mohammed,** que responde preguntas sobre la vida en los EAU. Las visitas se sientan sobre alfombras y cojines de estilo beduino en el interior de una torre de viento restaurada y gozan de un auténtico desayuno o cena emiratí, dispuestos a aprender todo lo que siempre quisieron saber sobre este país. Ninguna pregunta se considera inapropiada en este centro del barrio de Al Fahidi, fundado por los dirigentes dubaitíes hace 25 años.

Vivir la historia en la casa del jeque Saeed Al Maktoum

EDIFICIO HISTÓRICO

PLANO: **3** P. 50 **E1**

La antigua mansión de la familia dirigente de Dubái, en un apacible tramo del paseo de la ría, es una residencia de dos pisos con patio. En ella vivió el **jeque Saeed,** abuelo del actual dirigente de Dubái, el jeque Mohammed, y en ella nació el jeque Mohammad en 1949. Construida en piedra de coral con altos techos abovedados, el edificio es un buen ejemplo de la arquitectura emiratí y hoy alberga un museo dedicado a la vida de la antigua Dubái. Se puede dedicar una hora a ver la colección de fotos más amplia de la ciudad, que muestra cómo era la vida en el emirato en el pasado, e incluye imágenes inéditas de la familia real. En el piso superior se puede visitar el *majlis* (salón), con balcones que dan a la ría de Dubái.

Pasar la noche en el hotel flotante de Dubái

HOTEL EN UN BARCO

PLANO: **4** P. 50 **C1**

Quien quiera alojarse en un sitio único, que vaya al **'Queen Elizabeth 2',** o *QE2,* como era conocido cuando navegaba. El antiguo yate real vive su retiro bajo el sol dubaití. Amarrado para siempre en los muelles de Port Rashid Marina, el histórico barco es hoy un hotel flotante en el que viajar en el tiempo. También se puede ir a tomar algo al **Golden Lion,** el *pub* más antiguo de Dubái –¡el *QE2* es más antiguo que la propia ciudad!– y luego ir a descansar al camarote, muy bien restaurado. Las tarifas son sorprendentemente razonables. El barco cuenta con un teatro a bordo, con una completa programación; conviene consultarla durante la estancia.

Subir a la Dubai Frame   MIRADOR

PLANO: **5** P. 50 **A8**

La nueva incorporación al perfil urbano de esta parte de la ciudad es la torre **Dubai Frame,** en el parque. Mide 150 m de alto y más de 93 m de ancho, y tiene forma de marco gigante. Si se toma el ascensor se puede subir hasta el último piso, desde donde se contempla la antigua Dubái y la nueva a través de un panel de cristal que ofrece vistas de 360 grados de toda la ciudad. Una galería de la planta traza el recorrido de la ciudad desde que era un pueblo pesquero hasta convertirse en uno de los

destinos turísticos más populares del mundo. Una hora basta para ver bien todo esto.

Saborear un auténtico desayuno emiratí en la Arabian Tea House   CAFÉ

PLANO: **6** P. 50 **A3**

La **Arabian Tea House** es uno de los sitios más bonitos donde cenar en la antigua Dubái. Atrae por el aroma a pan recién horneado y se halla en el barrio de Al Fahidi. Abre todo el día y es popular por sus desayunos. Se sienta uno en unos bancos turquesas ante mesas blancas, rodeado de bonitos cortinajes y plantas, con paredes decoradas por fotos en blanco y negro de la antigua Dubái, y se le sirve el desayuno emiratí en una bandeja plateada para compartir y en vajilla de flores. Es una forma deliciosa de comenzar el día. Y la bebida de coco fresco está riquísima.

Un minicrucero   PASEO EN BARCO

PLANO: **7** P. 50 **E2**

El **ferri de Dubái** es una opción asequible para ver la ciudad desde el agua. Zarpa varias veces al día y el trayecto dura 90 min, desde la estación de ferris de Al Ghubaiba hasta la de Dubai Marina, al otro

---

☕ **¿MÁS CAFÉ? NO, GRACIAS**

El *gahwa* (café árabe) lo suelen servir en hoteles y eventos. Es útil saber cómo indicar con cortesía al camarero que no se quiere otra taza: se hace sin mediar palabra, solo hay que inclinar suavemente la taza de un lado al otro cuando se acerque la cafetera.

lado de la ciudad, con parada en Dubai Canal. Es ideal para contemplar fantásticas vistas de Palm Jumeirah y del litoral de la ciudad, y una excelente forma de pasar un par de horas los meses más frescos.

Ropa a medida en las sastrerías de Dubái COMPRAS

Para descansar de los centros comerciales se puede ir a pasear por las calles con solera de Bur Dubai, llenas de sastrerías que confeccionan ropa a medida y personalizada. Hay que empezar por el **zoco de Bur Dubai** (PLANO: **8** P. 50 **E3**), en el lado sur de la ría, o por las tiendas del bazar de Meena, y escoger un tejido entre la variedad de colores y texturas. Acto seguido, ir a las sastrerías de Bur Dubai, en el **bazar de Meena** (PLANO: **9** P. 50 **D2**), que van desde casetas del tamaño de un armario escondidas en callejones hasta tiendas de varias plantas con montones de telas y ruidosas máquinas de coser. Algunas de las mejores sastrerías de la ciudad son **Parmar** (PLANO: **10** P. 50 **D3**), en activo desde 1956; **Sartor** (PLANO: **11** P. 50 **D3**) cerca del Royal Ascot Hotel, y **Tichi's Tailoring Boutique**

(PLANO: **12** P. 50 **D3**). Se explica al sastre lo que se quiere (una foto siempre ayuda) y antes de cerrar el trato se asegura uno de que le ha entendido bien. Habrá que ir al menos dos veces: una para llevar las telas y que tomen medidas, y otra para recoger la prenda.

Un rato de paz en Al Jaddaf BARRIO

PLANO: **13** P. 50 **A6**

Al Jaddaf es uno de los barrios que más rápido crecen en el lado oeste de la ría de Dubái. Es, sobre todo, un barrio residencial, pero cuenta con varias tiendas y restaurantes a lo largo de los 4 km de su arbolado paseo marítimo. El **Jameel Arts Centre** (PLANO: **14** P. 50 **B6**) merece una visita por sus exposiciones sobre cultura y arte, además de por ser un sitio donde probar las delicias horneadas de **Teible** (p. 60). También alberga la **Biblioteca Mohammed bin Rashid,** un centro literario que se alza sobre el agua en forma de atril islámico tradicional. De acceso gratuito, cuenta con libros de ficción y no ficción, una colección infantil y una sección llamada "Tesoros de

 ¿CÓMO VISTE LA GENTE DEL LUGAR?

Los hombres emiraties suelen vestir una túnica llamada *kandoura,* cuyo color típico es el blanco. Se combina con una *gutra* (un pañuelo para la cabeza), que se sujeta con un *agal* (un cordón grueso). Las mujeres visten largas túnicas negras, las *abayas,* aunque hoy las venden de todos los colores y materiales. Algunas mujeres se cubren la cabeza con un *hiyab* o una *shayla.*

la biblioteca" con cientos de obras curiosas, algunas de ellas del s. XIII. Es un sitio tranquilo donde se puede pasar la mañana.

Dubai Garden Glow
PARQUE TEMÁTICO

PLANO: **15** P. 50 **B8**

La actividad nocturna ideal para ir en familia. El mágico **Dubai Garden Glow** es una de las atracciones más surrealistas de Bur Dubai. Este parque temático con varias zonas de fantasía está en el parque Zabeel y combina arte y tecnología. Es un triunfo asegurado entre los más pequeños. Cuenta con más de 10 millones de bombillas de bajo consumo y abre cada día tras la puesta de sol. Es fácil pasar en él un par de horas paseando entre lucecitas. Aquí están también **Dino Park,** lleno de réplicas móviles de reptiles prehistóricos a tamaño real, y **Magic Park,** que desafía toda lógica con sus hipnóticas ilusiones ópticas.

Antigüedad y modernidad en Al Seef
BARRIO

PLANO: **16** P. 50 **F5**

El vibrante barrio costero de **Al Seef,** a orillas de la ría de Dubái, mezcla de forma fascinante lo antiguo y lo nuevo. Inspirado en las típicas aldeas de Oriente Medio, se construyó hace poco, en el 2017, pero su arquitectura homenajea el patrimonio de la ciudad con torres de viento tradicionales, callejones sinuosos y edificos de color piedra. Destacan los mercados, cafés y avenidas que permiten imaginar la región como era antaño. Si apetece quedarse a comer, se puede pasar toda la tarde en el barrio, que también alberga varios eventos a lo largo del año, desde mercados de moda hasta ferias de artesanía, espectáculos musicales y un festival navideño.

Explorar la antigua Dubái con Frying Pan Adventures
CIRCUITO

PLANO: **17** P. 50 **E2**

Frying Pan Adventures permite descubrir la ciudad antigua de la mano de un experto local. Es un operador familiar que ofrece circuitos de 4 h para ver los puntos clave de esta parte de la ciudad. La ruta empieza en Deira, pasa por los zocos de la ciudad y luego va en *abra* hasta Bur Dubai para centrarse en el barrio de Al Fahidi. De camino se prueban platos típicos y se juega a buscar especias en el **zoco de las especias** (p. 41).

Lo mejor para...

Localizaciones en el plano de la **p. 50**

$** Económico   **$$** Medio   **$$$ Alto

Comer

Comer por poco dinero

Patila House Restaurant $

 18 D7

Famoso por sus *pani puri* (rosquillas rellenas) y sus *thalis* auténticos. *8.30-23.45*

Nepaliko Sagarmatha $

19 D2

Sirve *momos* (empanadillas) y sopas de fideos. *9.00-24.00*

Ravi $

20 B8

Una institución en Dubái. Sirve comida deliciosa. *7.00-24.00*

Almuerzos

Mogiya Japanese Restaurant $

21 E7

Auténtica cocina japonesa en un espacio tradicional y curioso. *12.00-1.00*

Market Place $$

22 A6

De estilo bufé, en el Marriot Hotel Al Jaddaf. *6.30-15.00 y 18.30-23.00*

Cafés y tartas

Cafe Calicut $

23 C8

Amplia selección de tartas, gofres y otras delicias dulces. *11.00-24.00*

Bayt Al Khanyar Coffee Shop $

24 A3

Se puede degustar café árabe tradicional por 5 AED. *8.00-17.00*

Nablus $

25 F5

Este restaurante palestino sirve el mejor *kunafeh* (pastelito tibio con queso) de Dubái. *11.00-23.30*

Cena para dos

City Creek Restaurant $$

26 E3

Para saborear platos de *mezze* árabes con vistas al mar. *8.00-2.00*

Skafos $$

27 E7

Un local romántico junto a la ría con vistas y carta mediterránea. *18.30-1.00*

La Tablita $$$

28 B5

Alegre restaurante mexicano que sirve platos típicos de Latinoamérica. *13.00-16.00 y 18.00-1.00*

Tomo $$$

29 A5

Auténtico restaurante japonés del selecto Raffles Dubai, con increíbles vistas desde la azotea. *12.30-15.00 y 18.30-24.00*

Awtar $$$

30 B6

Restaurante libanés que sirve platos *mezze* típicos y carne a la barbacoa. Ofrece espectáculos en directo. *19.30-3.00*

Teible $$

véase **14** B6

En el Jameel Arts Centre. Su vibrante carta quiere promover una nueva cultura gastronómica. *10.00-17.00 y 18.00-21.00, hasta 22.00 vi y sa, cerrado ma*

Cocina india

Permit Room $$

31 C4

Pintoresco local indio con una sabrosa carta, ofertas de bebidas y DJ en directo. Hay que reservar. *24 h*

Chooki Dahni Restaurant $$

32 F5

Inspirado en el Rajastán, este local de Al Seef tiene una fresca terraza con vistas a la ría. *13.00-23.00*

Sind Punjab ⊖
 D3

Uno de los restaurantes más antiguos de Dubái, muy desenfadado y de inspiración punyabí. *8.00-13.30*

Cocina de Oriente Medio

Sabaa
 F5

Restaurante emiratí donde cenar bajo las torres de viento. *7.00-1.00*

Al Fanar
 F5

A orillas de la ría de Dubái. Avalado por un Michelin Bib Gourmand. *12.00-23.00*

Al Khayma Heritage Restaurant
 B3

Festín de carne cocinada a fuego lento y *machboos* (arroz especiado) en Al Fahidi. *9.00-24.00*

Bayt Al Wakeel
 E2

Junto a la ría de Dubái, sirve marisco y cocina árabe desde 1935. *11.00-23.30*

Beber
'Pubs'

Huddle Sports Bar & Grill
 B4

Con muchas teles para ver deporte, y también con ofertas de bebidas. *12.00-3.00*

List Bar
 A6

En el Al Jaddaf Rotana Suite Hotel. Cócteles impresionantes. *16.00-1.00*

Tipsy Tikka
 C4

Gastropub del Four Points para ver deporte o jugar a billar. *12.30-3.00*

Majestic Barrels Bar
 C4

Típico *pub* británico, con buena comida. *12.00-2.00*

McCafferty's Bar & Restaurant
 B5

Venido desde Donegal, parece un auténtico bar irlandés. *11.00-1.00*

Coctelerías con clase

Eve Penthouse & Lounge
véase **B5**

Cócteles y una terraza con vistas. *17.00-2.00, hasta 3.00 sa y do*

961LB
 F6

Bar libanés de Al Seef, con una carta de 50 cócteles y música en directo. *22.00-3.00*

Ascent
44 **E8**

Bar de azotea con buena música y cócteles especiales de la casa. *16.00-3.00*

Sitios curiosos

Joker Street 2.0
45 **D4**

En el Orchard View Hotel, este bar inspirado en el Joker

tiene murales en las paredes, música de Bollywood y comida. *18.00-4.00*

Starbucks Al Seef
 F5

Para fotografiar: este Starbucks está decorado al antiguo estilo árabe: techo de palmera, puertas de madera y farolillos. *8.00-24.00*

Comprar
Centros comerciales

BurJuman
 D6

El centro comercial de lujo más antiguo de Dubái tiene más de 200 tiendas. *10.00-22.00 do-ju, hasta 23.00 vi y sa*

Wafi Mall
 B5

Custodiado por dos gigantescas estatuas de Ramsés II, es ideal para comprar regalos. *10.00-22.00 do-ju, hasta 24.00 vi y sa*

Perfumería

Ajmal
 D6

Perfumes a medida y embotellados en frascos con incrustaciones de oro o piedras preciosas. *10.00-22.00 do-ju, hasta 23.00 vi y sa*

Sugerencias de lugares para comer, beber y comprar en **p. 73**

Explora
Jumeirah

Nacida como zona residencial, Jumeirah está llena de villas bajas a lo largo de la avenida costera de Jumeirah Rd. Entre Jumeirah Rd y Al Wasl Rd, paralelas una manzana hacia el interior, se halla uno de los yacimientos arqueológicos más importantes de Dubái. Muchas de las villas originales del barrio se han transformado para acoger negocios independientes, como cafés modernos, galerías de arte y cafeterías. A lo largo de Jumeirah hay un sinfín de playas, muchas de las cuales se solapan entre sí, por lo que esta zona es muy popular entre los amantes del sol y las familias con niños. El icono más famoso del barrio está en su punta norte: un imponente mástil que marca el emplazamiento de Union House, donde se fundaron los Emiratos Árabes Unidos (EAU) en 1971.

Cómo desplazarse

 **Autobús**
Los autobuses circulan a lo largo de Jumeirah Rd, desde Union House hasta Burj Al Arab.

 Taxi
Es la mejor opción para desplazarse por Jumeirah. Hay muchos taxis en el barrio y se paran fácilmente. También hay que tomar un taxi si se quiere ir al metro, porque no hay estaciones de metro en este barrio.

★ LO MEJOR

Tomar el sol en la **PLAYA PÚBLICA DE JUMEIRAH** (p. 70).

Visitar la histórica **MEZQUITA DE JUMEIRAH** (p. 66).

Disfrutar de una cena perfecta en **ORFALI BROS** (p. 74).

Recorrer el **MUSEO ETIHAD** (p. 70).

Ir en familia a **GREEN PLANET** (p. 71).

Green Planet (p. 71).

A   **B**   **C**   **D**

1

El Golfo

0   1 km

2

3

Jumeirah Bay Island

4

Playa pública de Jumeirah

Jumeirah Rd

Jumeirah Rd

Yacimiento arqueológico de Jumeirah

JUMEIRAH 2

4C St

8IA St

8JA St

14D St

37C St

79 St

26D St

32C St

Al Wasl St

Al Wasl St

5

Al Wasl St

Attar St

Green Planet

Al Hadiqa St

Al Meydan St

Parque de Al Safa

Canal de Dubái (Qanat Dubai)

13th St

Umm Amara St

Umm Amara St

13th St

15th St

Al Albaany St

6

Sheikh Zayed Rd

Sheikh Zayed Rd

Al Mustaqbal St

Business Bay

DOWNTOWN DUBAI

A   **B**   **C**   **D**

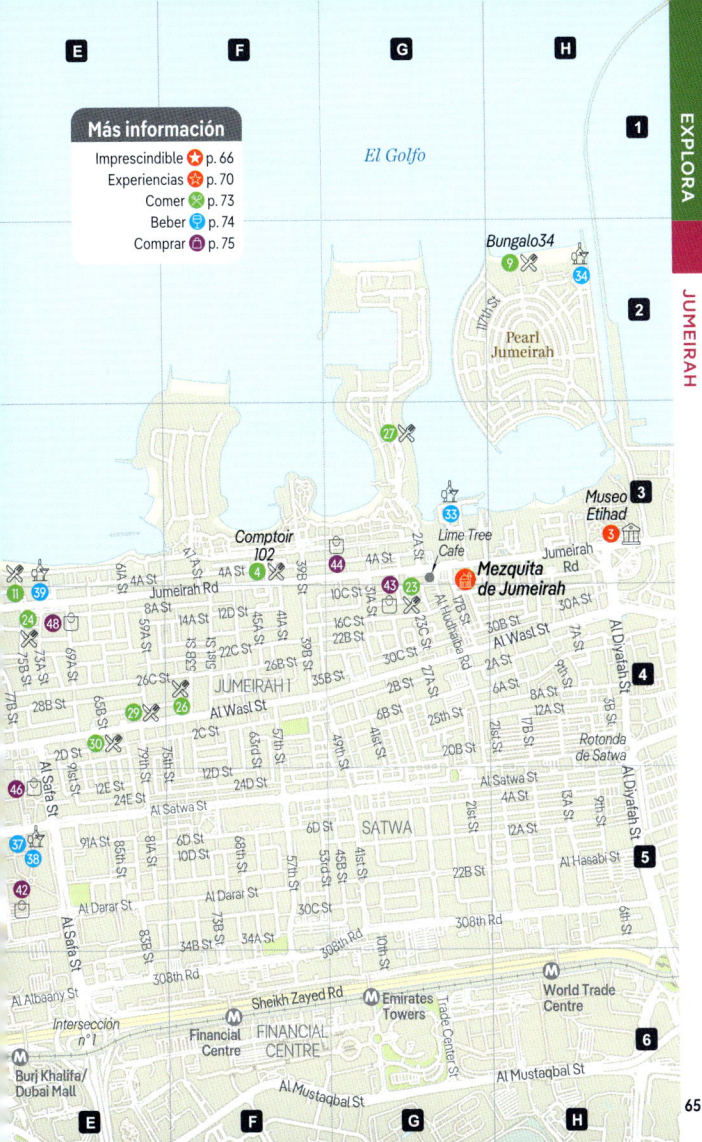

E   F   G   H

1

El Golfo

Más información

Imprescindible ⭐ p. 66
Experiencias ⚙ p. 70
Comer ✕ p. 73
Beber 🍷 p. 74
Comprar 🛍 p. 75

Bungalo34
9 ✕

34

2

Pearl
Jumeirah

27 ✕

33

Museo
Etihad

3

3

Lime Tree
Cafe

Comptoir
102

44

Mezquita
de Jumeirah

Jumeirah
Rd

4 ✕   43 25

Jumeirah Rd

11 39
24 48

JUMEIRAH 1

Al Wasl St

29 26

30

46

37
38

42

SATWA

Rotonda
de Satwa

4

5

World Trade
Centre

Emirates
Towers

FINANCIAL
CENTRE

Financial
Centre

Sheikh Zayed Rd

Intersección
nº1

Burj Khalifa/
Dubai Mall

Al Mustaqbal St

6

E   F   G   H

Mezquita de Jumeirah

Esta mezquita, en la punta norte de la Jumeirah costera, es una de las pocas del país que está abierta a visitas de no musulmanes. Imponente, y construida en arenisca y mármol, data de 1979 y tiene un aforo de 1200 personas.

PLANO: P. 64 **G3**

CONSEJO

La mezquita no tiene parada de metro, pero se puede ir en la línea roja hasta la estación Max y luego tomar el autobús X28, que para muy cerca (4 min a pie).

Escanea este código QR para precios, horarios y demás.

Circuito y refrescos

Un circuito por la mezquita de Jumeirah es una buena forma de descubrir el legado islámico de Dubái. Hay dos circuitos guiados diarios, excepto los viernes, con un guía emiratí que explica las prácticas y celebraciones islámicas, además de las tradiciones culturales locales. Se anima a las visitas a preguntar cualquier duda que tengan y pueden fotografiar el interior, pero conviene evitar retratar a los fieles durante la ablución y la plegaria.

El circuito termina con un refrigerio emiratí tradicional, que incluye *gahwa* (café árabe), té, dátiles y *luqaimat* (un rico dulce parecido a una rosquilla). Después se visita el pequeño museo de la mezquita, para ver cómo era la ciudad en las décadas de 1970 y 1980.

El circuito dura unas 2 h, incluyendo el refrigerio y la visita al museo.

Entrar con buen pie

Casi todas las mezquitas tienen zonas de oración y entradas separadas para hombres y mujeres, pero el circuito visita ambas zonas si no es hora de plegaria. Para causar buena impresión, conviene seguir las costumbres musulmanas: entrar en la mezquita con el pie derecho y salir con el pie izquierdo.

ALEKSANDRA TOKARZ/SHUTTERSTOCK ©

La mezquita es un lugar sagrado para los musulmanes y cuando se visita un sitio así es importante vestir con prendas largas y holgadas: faldas hasta el tobillo, pantalón largo y manga larga; las mujeres deben cubrirse la cabeza con un pañuelo. No se puede entrar con pantalón corto, faldas más arriba del tobillo, tops de tirantes, camisetas con dibujos, transparencias o prendas ajustadas. Para entrar en la mezquita hay que descalzarse.

Visita al atardecer

La mezquita de Jumeirah, del estilo fatimí tradicional más común que se ve en Egipto y Siria, es una de las más fotografiadas de Dubái y antaño era la imagen del billete de 500 AED. Es muy bonita al atardecer, bellamente iluminada.

UNA PAUSA

En **Lime Tree Café** (PLANO: P. 64 G3), un acogedor café de dos plantas con terraza a 4 min de la mezquita, se puede tomar un café y un trozo de su mítica tarta de zanahoria.

CIRCUITO A PIE

Arte y cultura en Jumeirah

Las calles de inspiración europea de la zona comercial City Walk son ideales para un circuito a pie que incluya arte, compras, copas y cena: se puede dar un paseo por el recinto, con sus restaurantes, tiendas y diversiones para toda la familia, y admirar los proyectos de arte urbano que dan vida al barrio.

INICIO	FINAL	DURACIÓN
Parque de Al Khazzan	Brass Monkey	2,5 km; 2 h

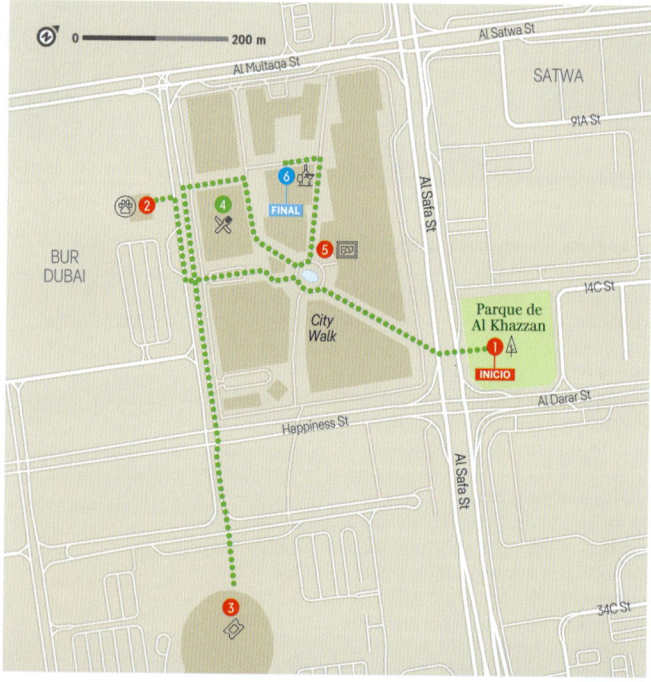

1 Zona verde

Empezar en el **parque de Al Khazzan,** que funciona con energía solar y es muy popular entre las familias. Data de finales de la década de 1980 y marca un curioso contraste con el fastuoso City Walk, al otro lado de la calle. Cruzar a la plaza central, que es la versión dubaití de Times Square.

2 Magia animal

Seguir recto por la plaza hacia **Green Planet** (p. 71), la imponente estructura cúbica de 45 m de altura que alberga el único bosque pluvial que hay en Dubái. En él vive un impresionante elenco de insectos, arañas y perezosos. Por fuera se admira el arte caligráfico del artista el Seed, unas enormes letras plateadas que son palabras de un poema.

3 Eventos y espectáculos

Avanzar en dirección al Burj Khalifa hacia Happiness St; enseguida se divisa una colosal estructura a lo lejos: es el **Coca-Cola Arena,** el primer recinto cubierto multiusos con aire acondicionado de Oriente Medio. Funciona todo el año, con un calendario repleto de eventos. Consúltese la programación si apetece comprar entradas para ver algo.

4 Sabor a Azerbaiyán

Retroceder y torcer a la derecha justo antes de llegar nuevamente a Green Planet. Esta calle lleva al **Baku Cafe,** que sirve cocina tradicional azerbaiyana, como los platos de *mangal* (barbacoa) con brochetas o el arroz pilaf.

5 Arte urbano

Un paseo por el centro comercial ayudará a bajar la comida y brinda la oportunidad de contemplar las obras de arte que forman el proyecto de arte urbano **Dubai Walls.** ¡Hay que tener la cámara a punto! La obra del estadounidense Ron English, fiel a su estilo POPaganda, compite por la atención del paseante con el mural marítimo de Beau Stanton, la obra titulada *I Heart Dubai* del grafitero británico Nick Walker y la colorida dama en kimono de la artista neoyorquina Aiko.

6 Un refrigerio

Andar da sed, sobre todo en Dubái, cuando la temperatura es alta todo el año, así que tras la caminata conviene hidratarse en C2 Licensed District. Abierto hace poco, alberga varios bares y restaurantes. Uno de ellos es **Brass Monkey,** con máquinas recreativas retro y una bolera.

EXPERIENCIAS

Relajarse en la playa pública de Jumeirah
PLAYA

PLANO: **1** P. 64 **A4**

Este barrio costero tiene muchas playas, pero si la **playa pública de Jumeirah** es tan popular, es por algo. Situada tras el Sunset Mall, los lugareños más veteranos la conocen como NessNass Beach. Es una playa tranquila de arena dorada y acceso gratuito. No está tan bien equipada como la vecina Kite Beach, pero suele estar menos llena y es ideal para relajarse ante su bella costa antes de refrescarse en las aguas del golfo Pérsico, aunque en los meses de verano el mar invita más bien a darse un baño caliente. Lo mejor es bañarse al anochecer: gracias a las luces y al servicio de socorristas 24 h se puede disfrutar de un chapuzón nocturno en esta playa.

Unirse a la multitud en Kite Beach
PLAYA

PLANO: **2** P. 64 **A3**

La dorada **Kite Beach** es una de las playas más populares de Dubái. De acceso gratuito, es ideal para ausentarse de la ciudad una mañana y gozar de la brisa marina. A lo largo de la playa hay un paseo marítimo perfecto para ir a correr o a pasear con una bici eléctrica Careem. También hay pistas de tenis playa y de vóley-playa. Las tablas de surf de remo de la orilla son para alquilar: los principiantes es mejor que las prueben por la mañana, cuando las olas son pequeñas. Tras divertirse en las aguas del Golfo se puede ir a comer algo en una de las gastronetas o restaurantes del paseo marítimo. Con el Burj Al Arab al fondo, también es un buen sitio para hacerse selfis.

Ver historia en el Museo Etihad
MUSEO

PLANO: **3** P. 64 **H3**

Andando en dirección al mástil de 123 m de altura donde la enorme bandera de los EAU ondea sobre Jumeirah, se llega a la entrada del **Museo Etihad,** de aspecto futurista. Con una fachada de cristal imponente, ocupa 25 000 m² y se alza en el mismo enclave histórico que la **Union House,** donde hace 52 años se firmó el acuerdo para crear los Emiratos Árabes Unidos. En los vastos espacios de su interior se descubre toda la historia de los EUA. Hay cientos de fotos, vídeos y libros que cuentan cómo ha evolucionado el país, además de exposiciones, pabellones interactivos, una biblioteca y una buena cafetería.

Pasar la mañana en Comptoir 102
COCINA ECOLÓGICA

PLANO: **4** P. 64 **F3**

Escondido en una villa baja de la antigua Jumeirah, **Comptoir 102** es un acogedor café-tienda que lleva más de una década sirviendo desayunos, almuerzos y cenas ecológicas. Tiene varios ambientes y una carta que cambia a cada estación, pero con platos para todos los gustos, incluidas opciones crudas, veganas, sin lácteos, sin gluten y sin azúcar. También es el sitio ideal para comprar *souvenirs* únicos, porque cuenta con artículos de diseño para el hogar, joyas únicas y ropa, velas y regalos curiosos. Si se va a trabajar con un portátil, solo se puede hacer en una zona de la cafetería.

Descubrir la antigua Jumeirah
YACIMIENTO ARQUEOLÓGICO
PLANO: **5** P. 64 **C4**

Los EAU solo tienen 50 años, pero la historia de esta región es mucho más antigua. Entre Jumeirah Rd y Al Wasl Rd está el **yacimiento arqueológico de Jumeirah,** uno de los yacimientos islámicos más grandes y más importantes del Golfo. Los arqueólogos han descubierto aquí las ruinas de una ciudad portuaria de hace 1000 años. El asentamiento original estaba en una antigua ruta comercial, y las ruinas excavadas incluyen

cimientos de casas, mercados, una mezquita y una posada donde los mercaderes se reunían a negociar. Son ruinas muy fragmentadas, apenas reconocibles al ojo inexperto, y no es un sitio donde entretenerse mucho, pero sí digno de contemplar para ver un pedazo de historia ante el moderno perfil urbano de Dubái.

Naturaleza salvaje
BIODOMO
PLANO: **6** P. 64 **D5**

En el fondo no sorprende que Dubái posea una selva pluvial en medio de la ciudad, si ya tiene una estación de esquí en medio del desierto. Lo que sí sorprende es la cantidad de criaturas que viven en ella. Ubicado en un biodomo de cuatro plantas, **Green Planet** es el microclima tropical de la ciudad, con más de 3000 plantas y animales. Los visitantes de City Walk descubrirán la importancia de cada una de las partes de esta selva pluvial, desde el lecho hasta el dosel arbóreo, y ver de cerca a perezosos, osos hormigueros, tucanes y ar-

 ¿QUÉ DICE UN NOMBRE?

En febrero del 2024, 28 barrios de Dubái cambiaron de nombre, incluidos algunos de los más conocidos y concurridos de la ciudad. Las zonas que han cambiado de nombre incluyen partes de Emirates Hills, Motor City y Sports City. La zona antaño conocida como Sheikh Zayed Rd ahora se llama Burj Khalifa. La carretera conserva el mismo nombre, pero la zona pasa a llamarse igual que el icono más célebre del emirato. Otros cambios son que Jebel Ali Village pasa a llamarse Jabal Ali First y que Al Mina se llama Madinat Dubai Al Melaheyah. La mayoría de lugareños sigue llamando a estos sitios por su nombre antiguo.

madillos, o disfrutar de una de las actividades que se ofrecen, como bucear con tubo con peces cíclidos africanos, sesiones de zoología o pasar la noche acampado bajo el dosel arbóreo.

Visitar la mezquita Al Farooq

MEZQUITA

PLANO: **7** P. 64 **A6**

De estilo otomano, la **mezquita Al Farooq Omar Bin Al Khattab** resultará familiar a quien haya visitado Estambul, porque está inspirada en la famosa mezquita azul de la gran ciudad turca. Es una de las pocas mezquitas en las que pueden entrar los no musulmanes; abre de 10.00 a 11.00 y de 16.15 a 18.00 do-ju. Ofrece circuitos gratuitos (1 h) por la mañana y por la tarde. Antes de visitar la mezquita conviene consultar su página web para saber cómo vestir y comportarse en la mezquita.

Ver el mundo

ISLAS

PLANO: **8** P. 64 **A1**

Dubái tiene una réplica flotante del mundo entero: **The World.** En la costa de Jumeirah, este archipiélago artificial lleva años en construcción y aún no está terminado, pero las primeras atracciones ya funcionan y, solo por la novedad, vale la pena verlo. Consta de 260 islas agrupadas en siete conjuntos

que representan distintos continentes. Está diseñada como un mapamundi visto desde arriba. Algunas de sus atracciones son el **Royal Island Beach Club,** en 'Líbano', abierto a visitantes de paso; el **Anantara World Islands Resort,** un hotel de lujo y de inspiración tailandesa en el 'continente sudamericano' del archipiélago, y el **resort Côte d'Azur,** inspirado en la Riviera francesa, en la isla Heart of Europe, donde hay una calle en la que siempre llueve. Al archipiélago se llega tras un trayecto en barco de 15 min.

Desayunar en la playa en Bungalo34

CENAR COMO EN LA RIVIERA

PLANO: **9** P. 64 **H2**

El día puede empezar en **Bungalo34,** en la isla Pearl Jumeirah. Bajo las residencias de Nikki Beach, este restaurante inspirado en la Riviera de la década de 1960 está muy bien decorado, con obras de arte de XVA Gallery (p. 53) en las paredes y toques de naranja y blanco en el mobiliario. En invierno las mejores mesas son las de la terraza, ideales para saborear platos de la carta mediterránea y gozar de la brisa marina. En verano solo se puede comer dentro, y siempre está lleno. También es un buen sitio para tomar algo a última hora del día.

Lo mejor para...

Localizaciones en el plano de la p. 64

$** Económico **$$** Medio **$$$ Alto

Comer

Cafés modernos

Alchemy $$
 10 B5

Elegante local en una villa encalada. Sirve un café fantástico y una bandeja de pastelería muy tentadora. Se puede cenar al fresco junto a la piscina. *8.00-22.00*

Bikers Cafe $$
11 E4

Bar de inspiración motera que sirve de todo, desde desayunos emiratíes hasta pollo frito. *8.00-17.00 do-ju, hasta 22.00 vi y sa*

Myocum $$
12 B5

Importado de Australia, decorado con arte aborígen y especializado en café y *matcha*. *7.00-22.00*

Hamptons $$
13 A4

Elegante y digno de los Hamptons neoyorquinos. Famoso por sus desayunos, la decoración impresiona tanto como la comida. *8.00-23.00*

Cocinas del mundo

REIF Japanese Kushiyaki $$
14 B5

Acogedor e íntimo, sirve platos de *kushiyaki* (pinchitos a la parrilla), *sushi*, *ramen* y postres creativos. *12.00-24.00*

Goldfish $$
15 D5

En Galleria Mall, este local japonés contemporáneo es genial y está lleno de vida. Es buena idea sentarse en primera fila: en la barra. *12.00-24.00*

Scalini $$$
16 C4

Selecto local del Four Seasons Resort que sirve auténtica cocina italiana con un toque de personalidad. *13.00-24.00*

Darse un capricho

Mimi Kakushi $$$
17 C4

Local de moda, inspirado en la era del *jazz* de la Osaka de la década de 1920. Cocina japonesa de calidad, con platos con un toque moderno y una buena banda sonora. *18.00-2.00*

Il Ristorante-Niko Romito $$$
18 C3

Este elegante local del Bulgari Hotel es uno de los tres restaurantes con estrella Michelin que hay en Dubái. Sirve cocina italiana sofisticada. *19.00-23.00*

Hōseki $$$
19 C3

Uno de los restaurantes más exclusivos de Dubái: solo tiene nueve plazas. Se puede disfrutar de una experiencia *omakase* (del chef) de la mano del cocinero japonés Masahiro Sugiyama. *13.00-15.00 y 18.00-20.30 mi-do*

Coya Dubai $$$
véase **17** C4

Música en directo, un interior brillante y fantástica cocina peruana conforman la oferta de esta sucursal dubaití del local de moda de Londres. *12.30-15.30 y 18.30-0.30*

Comer bien por poco dinero

Bu Qtair $
20 A4

Un clásico de Dubái. Tiene una sencilla carta con el

73

pescado del día y ocupa un modesto lugar en el puerto. *11.30-23.30*

China Garden Restaurant Al Safa

Pequeño, sin licencia para vender alcohol y sin florituras. Las empanadillas y el *wonton* son excelentes. *11.00-23.45*

Salt

Desde una gastroneta de la playa, este puesto de Kite Beach sirve minihamburguesas, batidos y patatas fritas. *24 h*

Hallazgos únicos

Seva

Con un jardín de estilo zen, mesas que son tocones de árbol y una carta vegetariana. *8.00-22.00*

11 Woodfire

Este local con una estrella Michelin, en una villa baja, sirve platos elaborados a la parrilla con distintos tipos de leña. *12.00-24.00*

3 Fils

Platos panasiáticos contemporáneos, con el aval Michelin, servidos en el puerto. *12.00-23.30*

Orfali Bros

Regentado por tres hermanos sirios, este local ofrece

en sus platos una fusión de cocina alepina y de otras culturas. *12.00-23.30*

Eco Mind

Se define como "una experiencia gastrobotánica" y sirve excelentes platos vegetarianos y veganos, además de café recién hecho. *8.00-20.00 ma-do*

Slab

véase 48 E4

Restaurante de cocina contemporánea dentro del Mercato Mall, con una carta y platos que cambian según la estación. *9.00-23.00 do-ju, 9.00-24.00 vi y sa*

Delicias de Oriente Medio

Three by Eva

Este local en el centro de Jumeirah está especializado en platos palestinos y jordanos. *7.00-24.00*

Yava

Cocina palestina moderna y un interior interesante que refleja los viajes del propietario por todo el Mediterráneo. *8.00-24.00*

Mama'esh

Famoso por sus precios asequibles, el agua gratuita y su cocina palestina clásica. Muy sencillo, pero merece una visita. *7.00-1.00*

Samad Al Iraqi

Muy popular entre los locales, sirve platos iraquíes en un ambiente que imita lo tradicional. Es famoso por sus carnes y pescados a la parrilla. *10.00-1.00*

Beber

Bares de playa

Sea Fu Bar

Esta elegante marisquería tiene un bar interesante con vistas al mar, DJ, cócteles y una hoguera nocturna ideal para tomar algo al anochecer. *12.30-0.30*

Beach by Sho Cho

Con sus inconfundibles colores naranja y blanco, este bar de playa tiene buena música, una larga carta de bebidas y una impresionante selección de bocados japoneses. *10.00-1.00*

Nikki Beach Dubai

Todo blanco, este local hedonista cuenta con una gran piscina y tumbonas. *11.00-21.00*

Bares especializados

Hendricks Bar Four Seasons
 C4

Los amantes de la ginebra querrán visitar este local, donde se sirven creaciones inspiradas en las recetas del trotamundos sir James Hendricks. *16.00-3.00*

Bulgari Bar
 C3

Este selecto local está considerado uno de los 50 mejores bares del mundo. Sirve cócteles creativos con combinaciones de sabores inusuales. *17.00-3.00*

Grapeskin
 E5

Un local sofisticado para los amantes del vino. Tranquilo, atrae a la gente al final de la jornada laboral y sirve tablas de quesos. *16.00-1.00 lu-ju, 14.00-2.00 sa, 14.00-1.00 vi y do*

Nola Bijou Bistro & Bar
 E5

Al estilo de Nueva Orleans, este bar de *jazz* ofrece *happy hour* y una carta de platillos para compartir. *12.00-1.00 do-ju, hasta 2.00 vi y sa*

Beluga
 E4

Todo oro y mármol, este restaurante es el único local dedicado al caviar en la ciudad; un sitio donde disfrutar del lujo de esta exquisitez con una copa de champán. *16.00-23.00*

Bares de azotea

Mercury Rooftop
 B4

Elegante local nocturno del hotel Four Seasons. Con actuaciones de DJ, violinistas y saxofonistas. *20.00-3.00*

LookUp Rooftop Bar
véase **E5**

Bar chic en una azotea con una flamante piscina y vistas al Burj Khalifa, en La Ville Hotel & Suites de City Walk. *10.00-1.00*

Comprar

Compras singulares

Human & Beings
 D6

Productos de diseñadores contemporáneos e independientes. Líneas sobrias y sencillez. *10.00-22.00, hasta 23.00 vi y sa*

Vao Concept Store
 E5

Lujo y moda para todo, desde artículos del hogar hasta calzado, con marcas que van de Assouline a Zegna. *10.00-22.00*

Magrudy's
 G4

Librería de *bestsellers*, libros infantiles, artículos de escritorio, postales y juegos. *8.00-22.00*

S*uce
 G3

Boutique de moda y estilo de vida local, con una gran selección de prendas casual y de noche, además de accesorios divertidos. *10.00-22.00*

Forever Rose London
 C5

Vende las rosas más longevas del mundo, cultivadas en Ecuador y Colombia. Se conservan más de un año. *10.00-22.00, hasta 24.00 vi-do*

Barrios comerciales

City Walk
 E5

Selecto barrio comercial, interior y exterior, con restaurantes, bares y arte urbano. *10.00-24.00*

Boxpark
 C5

Inspirado en el centro comercial homónimo de Londres, esta zona peatonal cuenta con *boutiques*, restaurantes y un cine genial. *10.00-22.00 lu-ju, hasta 24.00 vi y sa*

Mercado Comprar Mall
 E4

El primer centro comercial temático de Dubái tiene un tamaño más asequible que los demás centros comerciales de la ciudad. *10.00-22.00*

Sugerencias de lugares para comer, beber y comprar en **p. 88**

Explora
Burj Al Arab y Madinat Jumeirah

Burj Al Arab, el 'siete estrellas' de Dubái, es la flamante joya de esta parte de la costa, que también alberga el Madinat Jumeirah, un recinto de hoteles, cafés y *boutiques* surcado por canales, y el parque acuático Wild Wadi, además del Jumeirah Beach Hotel, una gran opción para las familias, porque todos los huéspedes entran gratis al parque acuático. Hoteles aparte, Sunset Beach es una zona pública costera muy animada, y Mall of the Emirates es un paraíso de las compras y el lugar que alberga la estación de esquí cubierta Ski Dubai. Cerca de aquí está el barrio de Al Quoz, una zona de edificios industriales y almacenes que contiene algunas de las joyas culturales más exquisitas de la ciudad.

Cómo desplazarse

 Metro

El Burj Al Arab está a 10 min en taxi desde el metro Mall of the Emirates, en la línea roja. La estación de metro de Mashreq también queda cerca, y hay autobuses directos desde la estación hasta el parque acuático Wild Wadi.

 **Tranvía**

Desde la estación Media City Tram hay 15 min a pie hasta el Burj Al Arab (en invierno es un paseo agradable; en verano no lo es tanto).

 Autobús

Varios autobuses operan en la zona, incluidos los n° 8, X28 y 81.

Zoco de Madinat Jumeirah (p. 80).
ZHUKOV OLEG/SHUTTERSTOCK ©

★
LO MEJOR

Ir de compras por **MADINAT JUMEIRAH** (p. 80).

Contemplar el hotel de lujo **BURJ AL ARAB** (p. 82).

Esquiar en el desierto con **SKI DUBAI** (p. 86).

Ver galerías de arte en **ALSERKAL AVENUE** (p. 84).

Darse un chapuzón en **WILD WADI** (p. 86).

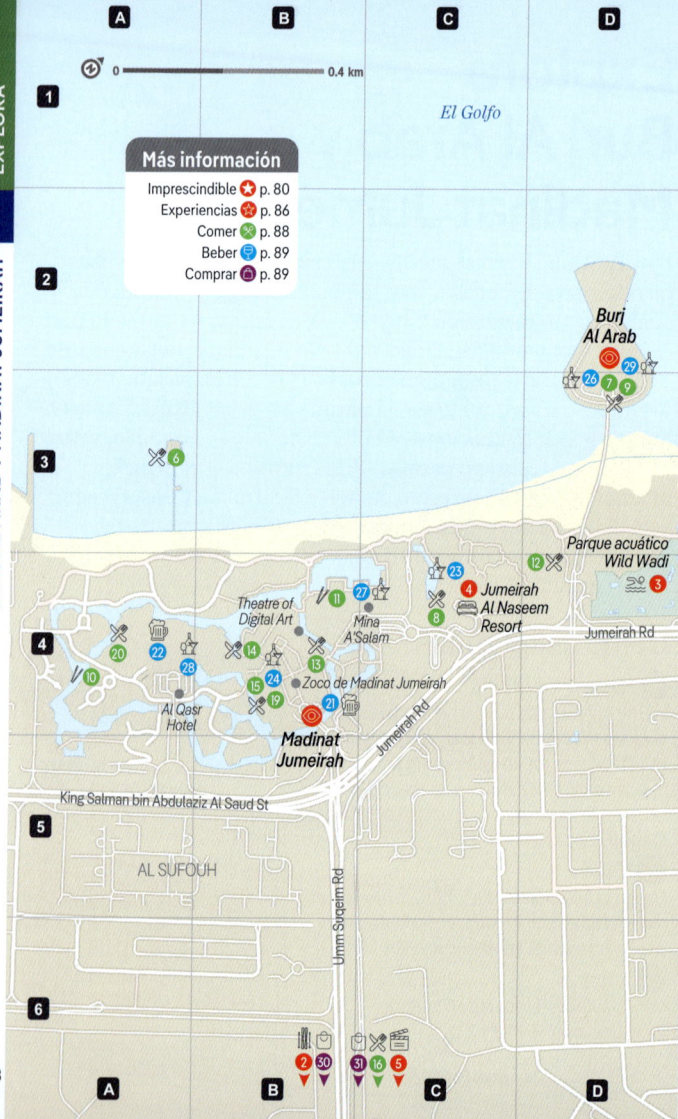

Más información

Imprescindible ⭐ p. 80
Experiencias 🟥 p. 86
Comer ✳️ p. 88
Beber 🔵 p. 89
Comprar 🟣 p. 89

El Golfo

Burj Al Arab

Parque acuático **Wild Wadi**

Jumeirah Al Naseem Resort

Jumeirah Rd

Theatre of Digital Art

Mina A'Salam

Al Qasr Hotel

Zoco de Madinat Jumeirah

Madinat Jumeirah

King Salman bin Abdulaziz Al Saud St

AL SUFOUH

Umm Suqeim Rd

Jumeirah Rd

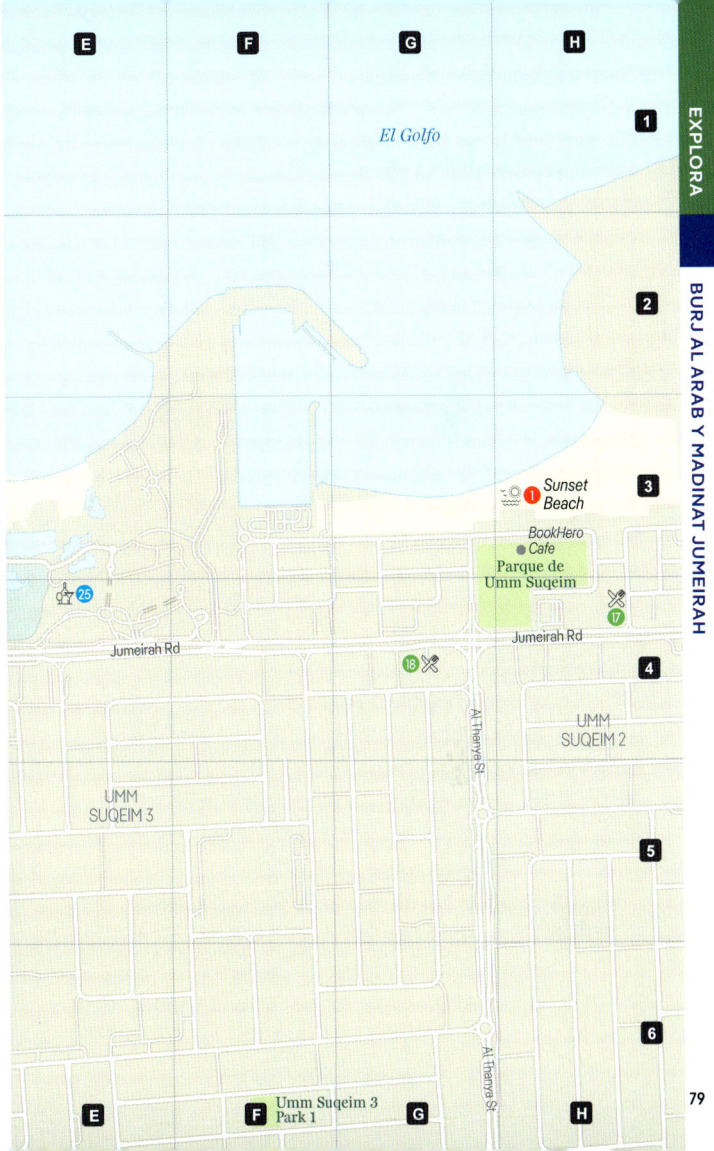

El Golfo

Sunset
Beach

BookHero
Cafe
Parque de
Umm Suqeim

Jumeirah Rd

Jumeirah Rd

UMM
SUQEIM 2

Al Thanya St

UMM
SUQEIM 3

Umm Suqeim 3
Park 1

Al Thanya St

E   F   G   H

1
2
3
4
5
6

EXPLORA

BURJ AL ARAB Y MADINAT JUMEIRAH

Madinat Jumeirah

Madinat Jumeirah combina lo antiguo y lo moderno en una mezcla muy atractiva. Es un recinto lleno de hoteles, restaurantes, bares y tiendas. Ubicado entre canales y palmeras, está diseñado como una aldea árabe tradicional, con un laberíntico zoco y el Burj Al Arab como telón de fondo.

PLANO: P. 78 **B4**

CONSEJO
El recinto se llena de gente al caer el sol, y también los fines de semana. Conviene reservar mesa para cenar y optar por ir en taxi o a pie: el aparcamiento siempre está completo.

Escanea este código QR para horarios y demás.

Una aldea tradicional moderna
Reinterpretation de una aldea árabe tradicional, Madinat Jumeirah mezcla las torres de viento de Al Fahidi (p. 52) con el bullicio de los zocos antiguos y elementos de sus humildes primeros palacios. En su centro se halla el **zoco de Madinat Jumeirah** (PLANO: P. 78 **B4**), un laberinto de callejuelas repleto de tiendas en las que se vende de todo, desde botellas con dibujos en arena (en la foto) hasta babuchas y caftanes coloridos. No es una experiencia auténtica, pero permite experimentar lo que es comprar en un zoco.

Crucero en 'abra'
Para surcar los canales del recinto a bordo de un barco de madera en circuitos de 20 min por 85 AED; bastante más de lo que se paga por la experiencia auténtica en Bur Dubai o Deira, si bien el trayecto es mucho más tranquilo aquí.

'Brunch' y cena
El *brunch* del sábado es una tradición en Dubái, sobre todo entre expatriados occidentales. Es sinónimo de fiesta regada en alcohol y un gran despliegue de platos exquisitos. Los hoteles de Madinat **Al Qasr** (PLANO: P. 78 **A4**) y **Mina A'Salam** (PLANO: P. 78 **C4**) son famosos por sus *brunches* con espectáculo, entretenimiento familiar, bufés suculentos y cócteles creativos.

SERGII FIGURNYI/SHUTTERSTOCK ©

Los viajeros tienen muchas opciones para cenar en este país de las maravillas árabe, y muchos de los restaurantes ofrecen vistas al mar o al Burj Al Arab. Las familias pueden ir a la Trattoria Toscana (p. 88), junto al canal. Las parejas quizá prefieran ir a Pai Thai (p. 88), de cocina tailandesa selecta; para presupuestos ajustado, se puede visitar Noodle House (p. 88) o McGettigan's (p. 89).

Arte digital

Una inmersión cultural de 360 grados es lo que ofrece **Theatre of Digital Art** (PLANO: P. 78 **B4**). Este espacio de 1800 de m² da un giro moderno a las obras de arte famosas. Sus exposiciones multime-dia multisensoriales cambian cada temporada. También hay muestras interactivas para niños, actuaciones musicales y conciertos.

UNA PAUSA
Refrescarse con un cóctel *tiki puka puka* en **Trader Vics** (p. 89), pero, cuidado, tiene fama de ser muy potente.

★ **IMPRESCINDIBLE**

Burj Al Arab

Es una de las dos *burjs* (torres) famosas de Dubái –la otra es, cómo no, el Burj Khalifa– y tiene forma de vela. Forma parte del perfil urbano de la ciudad desde 1999 y es al emirato lo que la Torre Eiffel es a París o el Big Ben es a Londres.

PLANO: P. 78 **D2**

CONSEJO
Quien no se aloje en el hotel o tenga reserva para el circuito, necesitará reservar mesa para comer, beber y acceder al club de playa, que suelen conllevar un gasto mínimo.

Escanea este código QR para reservar plaza en el circuito del Burj Al Arab.

Un icono de Dubái

El Burj Al Arab, una torre en forma de vela que se alza 320 m sobre el nivel del mar, es la joya de la corona de la costa de Jumeirah. El acceso a su interior solía estar reservado a quienes se alojaban o iban a comer al hotel, considerado el primer 'siete estrellas' del mundo (una categoría que no existe). Para alojarse aquí hay que tener un presupuesto muy abultado: suites suntuosas con vistas al Golfo, mayordomo privado y 17 opciones de almohada; pero hoy en día si se viaja con un presupuesto más modesto también se puede admirar el lujo por medio del circuito Inside Burj Al Arab, que muestra los secretos del diseño del hotel y permite ver la opulenta y dorada Royal Suite.

Si no apetece entrar, los mejores sitios desde donde retratar el edificio son la playa pública al norte del hotel, los miradores de Madinat Jumeirah o desde el agua.

Cenar y dejarse mimar

El Burj Al Arab cuenta con una impresionante oferta gastronómica, incluidos los restaurantes **Al Muntaha,** con estrella Michelin, y el **Ristorante L'Olivo at Al Mahara** (p. 88), con un acuario circular que va del suelo al techo y que rodea las mesas.

ANDREY_POPOV/SHUTTERSTOCK ©

A 150 m de altura sobre el golfo Pérsico, el lujoso **Talise Spa** es el sitio idóneo para desconectar y disfrutar de una selección de tratamientos y terapias. Después es buena idea darse un baño en la piscina infinita del exterior o en el *jacuzzi,* admirando las vistas al océano.

Playa y lujo

Pasar el día en la playa en **Sal,** uno de los clubes de playa más lujosos de Dubái. Situado en una plataforma flotante al pie del hotel, es un sitio donde mirar y dejarse ver; refrescarse en la piscina de agua dulce, con bar incluido, o en la piscina infinita de agua salada con impresionantes vistas al Golfo. La experiencia se redondea con cabañas de estilo bohemio, tumbonas mullidas y una carta de comida mediterránea si hay hambre.

UNA PAUSA
A unos 15 min andando del Burj Al Arab, el **BookHero Cafe** (PLANO: P. 78 **H3**) es un local acogedor con fantásticas vistas y libros y revistas para leer gratis.

Aventura con arte en Alserkal Avenue

Cuna de una creciente colección de galerías modernas, Alserkal Avenue, en Al Quoz, es un buen sitio para errar. El barrio que la rodea está descuidado y lleno de tráfico, pero este rincón se ha convertido en una zona artística fantástica, con estudios, *concept stores,* tostadores de café y cafeterías originales.

INICIO	FINAL	DURACIÓN
Letrero "When Did You Arrive"	Cassette	2 km; 2 h

❶ Una galería destacada

Acceder a Alserkal Ave por 6A St, justo debajo del letrero gigante de "When Did You Arrive" que corona la avenida. A mano izquierda está la **Leila Heller Gallery.** Fundada en Nueva York, fue la primera galería de EE UU que abrió en Dubái.

❷ Fotografías

Avanzar y torcer a la derecha en Seeing Things. A la izquierda se halla la galería de fotos **Gulf Photo Plus,** que expone fotos de principiantes y profesionales, además de organizar talleres y eventos.

❸ Artistas emergentes

Andar en dirección a las estaciones de carga de vehículos eléctricos en la parte alta de la calle y torcer a la izquierda hasta llegar a **Lawrie Shabibi,** una galería dedicada a la obra de jóvenes artistas contemporáneos de Oriente Medio y el norte de África.

❹ Una pausa en un café interesante

Junto a Warehouse 20 está **KAVE,** lugar donde tomar un café y descubrir cómo se elaboran las cosas que compramos. Este singular local cuenta con artistas residentes, ofrece comida saludable, vende productos de comercio justo y fabrica bicis personalizadas.

❺ Mirar al futuro

Torcer a la derecha al salir de Kave, justo al final de la calle, y torcer de nuevo a la derecha para llegar a **Firetti Contemporary,** que alberga obras multidisciplinares de todo el mundo. La galería muestra exposiciones significativas e interesantes que miran hacia el futuro.

❻ Un descanso

Parar en **Yard,** un enorme espacio verde al aire libre en el centro de Alserkal Ave. Suele haber clases de yoga y de gimnasia, y también es buen sitio para sentarse a descansar.

❼ Brujulear por Courtyard

Salir de la avenida por donde se ha entrado y cruzar la carretera hacia **Courtyard,** un bonito enclave con juegos de agua, un bar de zumos y tiendas interesantes, como **Collective by Ripe,** un espacio en el que aspirantes a emprendedores, graduados y artesanos venden joyas, artesanía, artículos para el hogar y otros productos.

❽ Un bocado bien merecido

En la parte trasera de Courtyard está **Cassette,** que tiene mesas dentro y fuera. Ofrece excelentes desayunos y ricos zumos. Siempre está lleno y hay que esperar para pedir, sobre todo en fin de semana. Tiene una gran colección de discos para curiosear y escuchar.

EXPERIENCIAS

Bucear en el Golfo

BUCEO

PLANO: **1** P. 78 **H3**

Dubái está en el desierto, pero también está rodeada de las aguas del Golfo y ofrece varias experiencias para explorar el gran azul. Los principiantes pueden probar a bucear desde **Sunset Beach,** en Jumeirah, entre un montón de corales y peces. Quien tenga más experiencia gozará aventurándose en el *Zainab,* un pecio a 40 min de la costa de Dubái. Este barco de 1969 se hundió en el 2001 y se halla a 30 m de profundidad, sobre un lecho de arena. En él viven varias criaturas marinas, como ostras, rayas, barracudas de cola amarilla, pargos y peces murciélago. En Jumeirah hay varias escuelas de buceo para todos los niveles: se puede ir a Divers Down, Al Boom Diving o a Scuba Shade, centros de confianza que ofrecen excursiones guiadas y alquiler de material.

Nieve en Ski Dubai

ESQUÍ

PLANO: **2** P. 78 **B6**

Ski Dubai ofrece aventuras sobre nieve artificial, pese al sol y a las altas temperaturas. Es la primera estación de esquí de Oriente Medio y su temperatura es siempre de 0°C, incluso los meses de verano. Situada en el Mall of the Emirates, este parque de recreo alpino artificial cuenta con cinco pistas de hasta 400 m, entre las que se incluye la primera pista negra cubierta del mundo. También cuenta con un parque de nieve para montar en *bobsled,* enfrentarse al rocódromo o descender dentro de una bola zorb sobre pendientes nevadas. Además, la estación ofrece clases de esquí y de *snowboard* para principiantes. Y, cuando el frío se deja sentir en los dedos, nada mejor que una buena taza de chocolate caliente.

Toboganes y atracciones en Wild Wadi

PARQUE ACUÁTICO

PLANO: **3** P. 78 **D4**

En Dubái abundan los parques acuáticos, pero el primero, inaugurado en el año 1999, es **Wild Wadi,** de inspiración árabe y situado junto al Jumeirah Beach Hotel. Es ideal para pasar un día divertido en el agua, montarse en el Jumeirah Sceirah –el tobogán de caída libre más alto que hay fuera de Norteamérica–; aventurarse en Tantrum Alley, con su empinado tobogán y sus serpenteantes atracciones, y relajarse en Juha's Journey, un sinuoso río de 360 m de largo. Los más pequeños tienen zonas acuáticas a su medida, con toboganes y un cubo gigante. Y hay varios sitios donde venden hamburguesas, ensaladas y perritos calientes.

🐢 TORTUGAS AMENAZADAS

La tortuga carey es una especie nativa de las aguas de Dubái, y las tortugas boba, verde, golfina y laúd visitan la región. Por desgracia, todas las especies de tortuga están en peligro de extinción. En los meses más fríos, las tortugas carey jóvenes lo pasan mal con las condiciones adversas del mar y otras quedan heridas o enferman por ingesta de plástico y por chocar contra barcos. Si se encuentra una tortuga herida, no hay que intentar retirar nada de lo que crezca en su caparazón: hay que darle sombra, cubrirla con una toalla húmeda y llamar al 800 Turtle para alertar al equipo de rescate de la ciudad.

Ver cómo se recuperan las tortugas
VIDA MARINA

PLANO: **4** P. 78 **C4**

En las aguas que rodean Dubái y los EAU viven cinco especies de tortugas. Algunas de ellas son autóctonas, otras pasan por las cálidas aguas de la región al migrar. En la laguna marina del **Jumeirah Al Naseem Resort** se pueden ver algunas de estas criaturas. Es de acceso gratuito, abre cada día y la gestiona la asociación sin ánimo de lucro Dubai Turtle Rehabilitation Project, que se dedica a rehabilitar a las tortugas marinas heridas o enfermas y las aloja aquí unas semanas antes de devolverlas al mar. Se las alimenta cada día a las 11.00.

Un rato de cine en Cinema Akil
CINE

PLANO: **5** P. 78 **C6**

Tras deleitar a los fans del cine independiente de todo el mundo en espacios esporádicos, **Cinema Akil** cuenta con un espacio fijo, desde 2014, en Alserkal Ave. Se proyectan películas independientes, artísticas y de cultura popular, seguidas de una charla con directores o productores. Durante la visita se puede tomar una taza de *chai* en Project Chaiwala.

Lo mejor para...

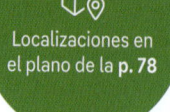
Localizaciones en el plano de la **p. 78**

$** Económico **$$** Medio **$$$ Alto

Comer

Sitios selectos

Pierchic $$$

 6 A3

Romántica marisquería frente al mar, con grandes vistas del Burj Al Arab y de Madinat Jumeirah. *6.30-22.00 do-ju, hasta 22.30 vi y sa*

Al Iwan $$$

7 D3

Cocina árabe en un suntuoso bufé en el restaurante del Burj Al Arab. También tiene una barra de marisco y puestos de comida caliente. *7.00-1.00*

Il Borro Tuscan Bistro Dubai $$$

 8 C4

Cocina italiana sofisticada en un local refinado que trabaja con ingredientes ecológicos de cultivo local. *12.00-15.30 y 18.00-23.30*

Ristorante L'Olivo at Al Mahara $$$

9 D3

Ingredientes mediterráneos de temporada

y platos de pescado y marisco. Para comer con peces nadando junto a la mesa, gracias al enorme acuario. Un sitio para ocasiones especiales. *18.30-22.30*

Pai Thai $$$

 10 A4

A este elegante restaurante tailandés se va en *abra*. Se sienta uno en una mesa junto al canal y cena a la luz de las velas. En Madinat Jumeirah. *12.30-14.30 y 18.00-23.30 lu-vi, 12.30-23.30 sa y do*

Zheng He's $$$

11 B4

Cocina selecta china con vistas a los canales de Madinat Jumeirah. *12.30-22.30*

Para toda la familia

Rockfish $$$

12 D4

En Jumeirah Al Naseem, este local de marisco está frente al mar y luce una bonita decoración color turquesa. *12.30-15.30 y 18.00-22.00*

Noodle House $$

 13 B4

En Madinat Jumeirah, sirve platos asiáticos y tiene

una terraza soleada para comer al fresco. *12.00-24.00*

Meat Co $$$

14 B4

Los carnívoros disfrutarán en este local de Madinat Jumeirah. Las mesas de la terraza tienen vistas al Burj Al Arab. *12.00-24.00*

Trattoria Toscana $$

15 B4

Sencillo local italiano con una amplia terraza junto al agua en Madinat Jumeirah. *12.00-23.30*

Cafés modernos

Alma 560 Cafe $$

16 C6

Un refugio portugués escondido en el Gold and Diamond Park. Destacan los *pastéis de nata* y el ambiente relajado. *18.00-24.00*

Single Fin Café at Surf House Dubai $$

17 H4

Sirve un gran café y platos saludables elaborados con ingredientes naturales. Es el punto de encuentro de la comunidad surfista local, y todo el mundo es bienvenido. *7.00-19.00*

Rumalaih Farm Cafe $

 G4

¿Batidos para llevar? ¡Sí, por favor! También hay cafés fríos y calientes, y productos de granja. Es un local pequeño que hay tras el Jumeirah Beach Hotel. *6.00-1.00*

AJ's Cafe $

 B4

Dentro de Al Jabber Gallery, donde venden *souvenirs,* este local sirve buen café. *10.00-22.00*

'Gastropubs'

Hide $$

 A4

En la planta baja de Jumeirah Al Qasr, es una brasería moderna inspirada en los mejores asadores de Nueva York. *18.00-22.30*

Beber

Bares y 'pubs'

McGettigan's

 B4

Uno de los mejores *pubs* irlandeses de Dubái, con la comida de *pub,* música en directo y pintas de cerveza negra con vistas al Burj Al Arab. *12.00-2.00*

Belgian Beer Café

 A4

El plato típico son los mejillones con patatas fritas y hay una larga carta de cervezas de todo el mundo. *12.00-2.00*

Blind Tiger

 C4

Elegante bar con una carta de bocados selectos, como rollos de langosta y *pizzettas* a la trufa. *17.00-2.00*

Trader Vics Madinat Jumeirah

 B4

Veterano restaurante bar con espíritu *tiki* que ofrece diversión y música en directo. Cuidado con los *tiki pukka pukkas,* que suben un montón. *16.00-2.00*

Con vistas al Burj Al Arab

Floor 24

 E4

Bar de azotea en el Jumeirah Beach Hotel con jardín y vistas panorámicas del Burj Al Arab al Burj Khalifa. *17.00-2.00*

Uma

 D3

Elegante rincón del Burj Al Arab con bebidas deliciosas y una decoración inspirada en la Vía Láctea. Ideal para ver la puesta del sol. *17.30-23.00*

Bahri Bar

 C4

Es pijo, pero tiene un ambiente agradable y buenos cócteles, además de vistas al Burj Al Arab. *17.00-2.00*

Coctelerías creativas

Bar Buci

 A4

Cócteles artísticos, buenos bocados y vistas memorables se combinan en este local clásico del Jumeirah Al Qasr Hotel. *17.00-2.00*

Gilt

 D2

En torno a una elegante barra dorada, este bar del piso 27 del Burj Al Arab ofrece fantásticas vistas y cócteles interesantes. *18.00-1.00 ma-do*

Comprar

Marcas

Mall of the Emirates

 B6

Con una estación de esquí, un cine gigante y más de 500 tiendas, este mega centro comercial es casi de visita obligada. En la Fashion Dome venden moda de lujo. *10.00-1.00*

Gold & Diamond Park

 C6

No tan evocador como el zoco del oro de Deira (p. 38), pero agradable de visitar en verano porque cuenta con aire acondicionado. Ideal para comprar joyas. *10.00-22.00*

Sugerencias
de lugares para
comer, beber
y comprar en
p. 104

Explora
Downtown Dubai

Impresiona pensar que hace menos de 30 años el Downtown Dubai no existía. Hoy el vibrante centro de la ciudad gira en torno al edificio más alto del mundo, el Burj Khalifa, de 828 m de altura, inaugurado en el 2010. Forma parte del Dubai Mall, uno de los centros comerciales más grandes del planeta, con atracciones para toda la familia, incluido un acuario gigante y el esqueleto de un dinosaurio. Entre ambos edificios, en el lago del Burj, la fuente de Dubái ofrece un magnífico espectáculo de luz y sonido. En este mismo barrio está la Ópera de Dubái, un edificio en forma de *dhow*. El interesante Museo del Futuro, una de las nuevas incorporaciones al paisaje urbano, reluce bajo la luz del sol con unas impresionantes curvas adornadas con poética caligrafía árabe.

Cómo desplazarse

 Metro
Bien servido por el metro, el Downtown Dubai tiene estaciones a lo largo de Sheikh Zayed Rd, incluidas Financial Centre, Burj Khalifa/Dubai Mall y Emirates Towers.

Autobús
Varios autobuses circulan por el Downtown Dubai desde otros puntos de la ciudad. Úsese el planificador de trayectos RTA (autoridad del transporte de Dubái).

Taxi/Uber
Es fácil parar un taxi o pedir un Uber en el Downtown Dubai. En el Dubai Mall hay una gran parada de taxis.

LO MEJOR

Contemplar el icónico **BURJ KHALIFA** (p. 94).

Ver aves extraordinarias en la **RESERVA DE FAUNA DE RAS AL KHOR** (p. 102).

Visitar un espacio vanguardista en el **MUSEO DEL FUTURO** (p. 96).

Vivir emoción pura en **SKY VIEWS DUBAI** (p. 102).

Darse un capricho cultural en la **ÓPERA DE DUBÁI** (p. 102).

Dubai Mall (p. 98).

A   B   C   D

1

AL WASL

Al Albaany St

Umm Amara St

Sheikh Zayed Rd

Sheikh Zayed Rd

Burj Khalifa/
Dubai Mall

M Business
Bay

8 ✦ *Arabian
Adventures*

🎭 **i**

DOWNTOWN
DUBAI

*Sky Views
Dubai* **4**

39

Al Mustaqbal St

Al Mustaqbal St

Al Mustaqbal St

33

38

Sheikh Mohammed bin Rashid Blvd

34

2

Al Aamal St

Al Khaleej Al Tejari St

Al Khaleej Al Tejari St

Al Aamal St

Marasi Dr

BUSINESS
BAY

Burj Khalifa Blvd

Burj Khalifa Blvd

9

16

18

Véase ampliación

*Burj
Khalifa*

Lago del Burj

3

Canal de Dubái (Qanaat Dubai)

Marasi Dr

Emaar Blvd

*Dubai Trolley
Station 3*

Burj Khalifa Blvd

Dubai
Trolley
Station 2

*Dubai
Trolley
Station 1*

DOWNTOWN
DUBAI

Al Aamal St

Marasi Dr

4

Al Asayel St

Al Asayel St

Marasi Dr

5

Al Khali Rd

Marasi Dr

Al Khali Rd

Ras Al Khor Rd

Más información

Imprescindible ✦ p. 94
Experiencias ✦ p. 102
Comer ✦ p. 104
Beber ✦ p. 105
Comprar ✦ p. 105

6

AL MARQADH

0 —————— 500 m

A   B   C   D

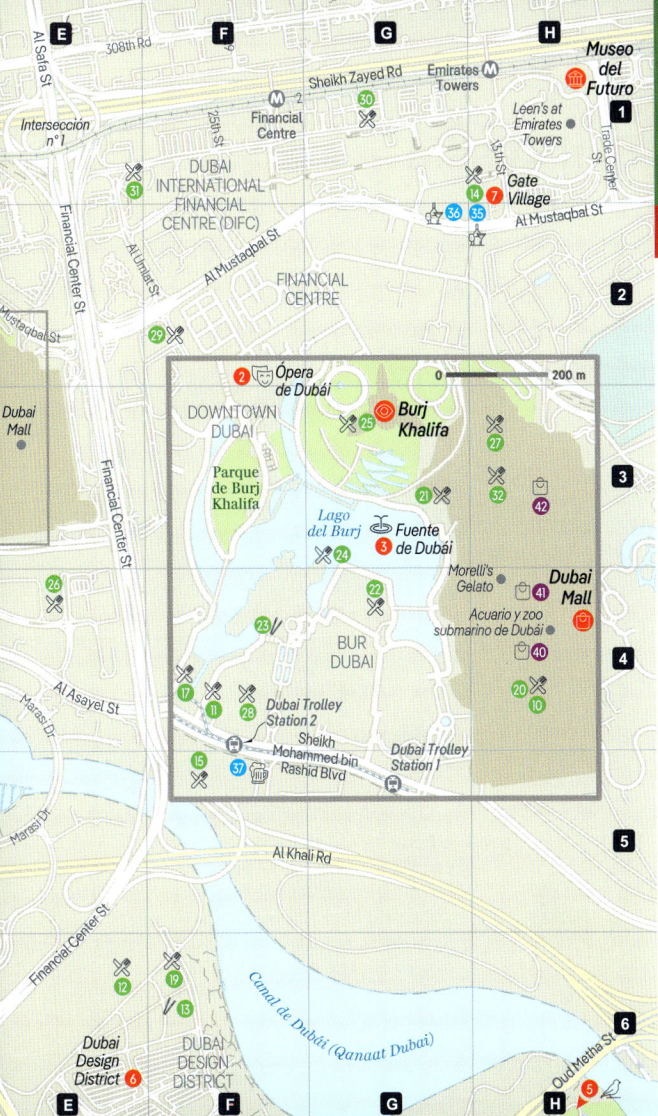

Museo del Futuro

Leen's at Emirates Towers

Gate Village

Emirates Towers

Sheikh Zayed Rd

308th Rd

Al Safa St

Intersección nº 1

Financial Centre

DUBAI INTERNATIONAL FINANCIAL CENTRE (DIFC)

Al Umal St

Al Mustaqbal St

FINANCIAL CENTRE

Financial Center St

Al Mustaqbal St

Dubai Mall

Ópera de Dubái

DOWNTOWN DUBAI

Burj Khalifa

Parque de Burj Khalifa

Lago del Burj

Fuente de Dubái

Financial Center St

BUR DUBAI

Morelli's Gelato

Dubai Mall

Acuario y zoo submarino de Dubái

Al Asayel St

Marasi Dr

Dubai Trolley Station 2

Sheikh Mohammed bin Rashid Blvd

Dubai Trolley Station 1

Marasi Dr

Al Khali Rd

Financial Center St

Canal de Dubái (Qanaat Dubái)

Dubai Design District

DUBAI DESIGN DISTRICT

Oud Metha St

0   200 m

★ **IMPRESCINDIBLE**

Burj Khalifa

Con sus 828 m de altura, el Burj Khalifa preside la ciudad y es visible desde lejos. Todo un icono de la historia de prosperidad de los Emiratos Árabes Unidos, este logro arquitectónico se inauguró en el 2010. Alberga viviendas, restaurantes, un hotel y una torre de observación, y está unido al Dubai Mall.

PLANO: P. 92 **G3**

CONSEJO
Reservar entrada con al menos 30 días de antelación (en el mostrador venden entradas, pero se agotan enseguida). La entrada es más cara durante la puesta de sol.

Escanea este código QR para precios, horarios y demás.

La torre más alta del mundo

Dubái es pródigo en maravillas arquitectónicas, pero la reluciente e indiscutible joya de la corona es el Burj Khalifa. Este rascacielos con forma de lápiz es el edificio más alto del planeta y se ha convertido en el símbolo de la ciudad. La megaestructura es también un exponente de los logros de la ingeniería y la tecnología más avanzadas. Aunque no lo parezca por su exterior ultramoderno, el diseño del edificio está inspirado en la geometría del lirio araña, una flor del desierto muy presente en toda la región, y en los intrincados patrones de la arquitectura islámica.

Vistas VIP

En el interior, los ascensores realizan el recorrido más largo del mundo, desde la planta baja hasta el punto más elevado, a una velocidad de 10 m/s que tapona los oídos. El edificio, que se alza en espiral, cuenta también con la plataforma-mirador más alta del mundo, a 555 m de altura, en el piso 148. Las vistas son algo realmente único, como lo prueba la visita al mirador At the Top SKY (en la foto). La experiencia no es barata, pero todo está organizado como una visita VIP, con refrigerio y circuito guiado incluidos. Se puede tomar algo al borde de la plataforma ante un panorama inolvidable.

VICTOR MASCHEK/SHUTTERSTOCK ©

Una forma algo más económica de disfrutar de una experiencia muy similar es comprar una entrada para At the Top, con acceso al mirador del piso 124. Las vistas son igual de espectaculares, pero hay bastante más gente sacándose selfis. Toda la experiencia dura 2 h aprox.

Un telón de fondo instagrameable

Sentir inestabilidad allí arriba es normal: el Burj está diseñado para balancearse un poco; eso alivia la presión del viento y hace que el edificio tenga menos probabilidades de derrumbarse. En el piso más alto se experimentan vaivenes de hasta 2 m.

UNA PAUSA
Paul, en el Dubai Mall (p. 98), ofrece bollería, ensaladas, quiches y otras delicias con vistas al Burj Khalifa desde la terraza. Sirve el café con minimagdalenas de cortesía.

★ **IMPRESCINDIBLE**

Museo del Futuro

Desde su inauguración el 22/2/2022, este impresionante museo traslada a sus visitantes 50 años en el futuro, hacia un mundo con robots que sirven café, circuitos virtuales guiados y rascacielos retorcidos imposibles. El vacío de su forma elíptica evoca el ojo humano mirando al futuro.

PLANO: P. 92 **H1**

CONSEJO
Conviene reservar entrada con antelación: están disponibles hasta dos meses antes. Para evitar el gentío, lo mejor es ir una mañana entre semana.

Escanea este código QR para precios, horarios y demás.

La vista en el futuro

La fachada curva del edificio está adornada con caligrafía árabe que traza las palabras del jeque Mohammed bin Rashid Al Maktoum, soberano de Dubái: "El futuro pertenece a quienes pueden imaginarlo, diseñarlo y ejecutarlo". La frase encarna una idea clave en Dubái, una ciudad surgida de la arena en los últimos 50 años, una urbe que nació como aldea perlera y se convirtió en una metrópolis global.

Como ejemplo de este espíritu audaz, el Museo del Futuro tiene el aspecto de una nave espacial o quizá de una escultura vanguardista. La llamativa forma toroidal del edificio simboliza la visión que Dubái tiene de sí misma como centro de innovación global. Un total de 1024 paneles de acero inoxidable forman el exterior del museo y 1024 es el número de *bytes* de un *kilobyte*, la unidad básica de almacenamiento de un ordenador. Cada uno de estos paneles se fabricó de forma única con algoritmos y robots que mapearon en 3D más de 14 000 m de escritura árabe sobre el revestimiento del edificio.

Exposiciones y espacios digitales

En el interior, las zonas expositivas se reparten a lo largo de siete pisos, y despiertan los sentidos del visitante para que imagine qué nos deparará el futuro. Es posible aventurarse en una estación espacial a 1000 km de la tierra e imaginar cómo

ANDREY-FILIPPOV.RU/SHUTTERSTOCK ©

la luna podría transformarse para procurar energía renovable. Otra instalación traslada al visitante a una selva amazónica digital en la que observar varias especies, incluidas algunas que no son visibles al ojo humano. En la última planta hay un país de las maravillas futurista para los más pequeños en el que pueden aplicar sus habilidades con los videojuegos.

Un descanso

Si el futuro agota, hay que ir a Al Waha, santuario de la calma, a disfrutar de una 'desintoxicación digital' y centrarse en la meditación y la salud mental. Se puede andar descalzo sobre un sendero acuático simulado al son de sonidos que invitan al sosiego. No hay límite de tiempo para visitar el museo, así que esta puede ser la última parada.

UNA PAUSA

Tras un paseo de 5 min se llega a **Leen's at Emirates Towers** (PLANO: P. 92 **H1**), que ofrece desayunos, almuerzos y cenas. Sirve bocados de inspiración latina con magníficas vistas al museo.

⭐ **IMPRESCINDIBLE**

Dubai Mall

Dubái y compras son sinónimos, así que no sorprende que la ciudad albergue uno de los centros comerciales más grandes del mundo. Inaugurado en el 2008, tiene las dimensiones de un pueblo pequeño y cuenta con un acuario, un modernísimo cineplex y una pista de patinaje sobre hielo de tamaño olímpico.

PLANO: P. 92 **H4**

CONSEJO

Las mañanas entre semana son el momento más tranquilo. Las tardes del viernes y el sábado el centro comercial está abarrotado.

Escanea este código QR para ver el directorio de tiendas del centro comercial.

Un festival de compras

Dubai Mall ofrece una experiencia de compras única. Está junto al Burj Khalifa (p. 94), en pleno Downtown Dubai, y cuenta con más de 1200 tiendas. Se puede comprar de todo, desde artículos para el hogar, juguetes y ropa de marcas como Gap y H&M, hasta artículos de lujo de Fendi, Valentino y Fabergé en Fashion Avenue.

En el zoco árabe de la planta baja venden artículos de Oriente Medio, y el Dubai Mall Gold Souq alberga un sinfín de joyerías, pero a precios que no pueden competir con los del zoco del oro de Deira (p. 38).

En el centro comercial destaca la **cascada del Dubai Mall,** obra del arquitecto Toh Sze Chong, en honor a los antiguos pescadores de perlas de la región. Tiene 24 m de altura y esculturas de fibra de vidrio de gente que se lanza de cabeza al agua con los brazos extendidos.

Para comer

El Dubai Mall ofrece un sinfín de locales de restauración, desde el popularísimo **Din Tai Fung** y sus empanadillas de sopa hasta los platos emiratíes contemporáneos de **Logma,** además de varias zonas de restaurantes más económicos, los más conocidos de los cuales son las cadenas **Cheesecake Factory** y **Tribes Carnivore.** También se puede ir al primer **Chinatown** a comer comida china.

POSZTOS/SHUTTERSTOCK ©

Acuario y zoo submarino de Dubái

En este acuario y zoo submarino (en la foto; PLANO:
P. 92 **H4**) viven rayas, tiburones, peces payaso y otras
250 especies de animales. Tiene tres plantas y
recrea un hábitat subacuático con arrecifes de coral
y rocas. Verlo desde fuera es gratis, pero hay que
pagar entrada para pasar por el túnel que lo cruza
y visitar el zoo submarino del piso superior, donde
aguardan *King Croc,* un cocodrilo de 5,1 m de largo,
y su compañera, *Queen Croc.* Es posible bucear
entre 400 tiburones y rayas, incluida la mayor
colección mundial de tiburones toro. Quien no
sepa bucear también puede participar en un Shark
Walk, que es dar un paseo por el acuario entre
tiburones con un casco de oxígeno que facilita
la respiración bajo el agua.

UNA PAUSA
Morelli's Gelato

(PLANO: P. 92 **H4**),
en la planta
baja del Dubai
Mall, es ideal
para refrescarse
con un cremoso
helado y una taza
de auténtico café
italiano.

De ruta por Downtown Dubai

Los amplios bulevares del Downtown Dubai y el lujoso Dubai
Mall son los lugares ideales para una ruta a pie que empieza
dentro del centro comercial, viendo algunas de sus principales
atracciones, y luego se aventura por el exterior para descubrir
zonas verdes, esculturas y delicias culinarias.

INICIO	FINAL	DURACIÓN
Estación de metro Dubai Mall	Bulevar Sheikh Mohammed bin Rashid	3 km; 2 h

EXPLORA

DOWNTOWN DUBAI

❶ Vistas

Ir en metro al centro y apearse en la estación Dubai Mall/Burj Khalifa. Desde allí, cruzar el **Metro Link Bridge,** envuelto en cristal y con aire acondicionado, y contemplar las vistas desde este punto elevado.

❷ En el centro

Entrar al centro comercial por **Pylones,** una curiosa marca francesa que vende originales artículos para el hogar, y torcer a la izquierda en dirección a Bloomingdales hacia Galeries Lafayette.

❸ Un mercado árabe

Montar en el ascensor para ir a la planta baja. Al salir, torcer a la derecha para llegar al atrio del **zoco** y admirar la mercancía, aunque también se pueden comprar *souvenirs* mientras se pasea. Seguir en la misma dirección, contemplando el despliegue de lujo en las tiendas más caras, como Patek Philippe y Cartier. Torcer a la izquierda en Rolex (¡esto es muy dubaití!).

❹ Aventuras bajo el agua

Seguir andando, pasar ante la estatua del camello dorado y torcer a la derecha al final, hacia el enorme acuario azul que alberga el **acuario y zoo submarino de Dubái** (p. 99). Admirar este enorme ecosistema artificial con 10 millones de litros de agua.

❺ La atracción principal

Bajar en ascensor al vestíbulo inferior y dirigirse al Star Atrium para salir del centro comercial y cruzar el puente hacia el **zoco Al Bahar.** Pararse en el centro a sacar buenas fotos del **Burj Khalifa** (p. 94).

❻ Enclaves acuáticos

Volver al lado principal del puente, torcer a la izquierda hacia el **lago del Burj,** donde ver la **fuente de Dubái** (p. 102) en acción.

❼ Delicias del Downtown

Continuar por el bulevar peatonal hasta llegar a un puente que conduce al **Burj Park.** Allí se ve la escultura *Win Victory Love,* que reproduce el famoso gesto con tres dedos del jeque Mohammed.

❽ Wings of Mexico

Seguir por el parque y cruzar el puente. Parar en la estatua *Wings of Mexico* y hacerse una foto. Desde aquí enseguida se llega al bulevar Sheikh Mohammed bin Rashid, lleno de cafés y restaurantes.

EXPERIENCIAS

Un llamativo espectáculo histórico, La Perle ESPECTÁCULO

PLANO: **1** P. 92 **A1**

El primer espectáculo permanente de Dubái, **La Perle by Dragone** narra la historia de un príncipe y una joven y habla de la historia del comercio perlero de Dubái, la ancestralidad y la globalización. Dura 90 min y cuenta con acrobacias mortales, efectos especiales e increíbles efectos acuáticos. No importa donde uno se siente, porque se ve bien desde todas partes gracias a la disposición a 270 grados de los asientos de este teatro acuático. El espectáculo, con cinco funciones a la semana en Al Habtoor City, es obra de Franco Dragone, director artístico conocido por su trabajo en el Cirque du Soleil.

Asistir a la Ópera de Dubái ARTES ESCÉNICAS

PLANO: **2** P. 92 **F2**

La **Ópera de Dubái,** que tiene forma de *dhow* tradicional, es la principal sede de artes escénicas de la ciudad. Con una fachada de cristal y adornada con relucientes lámparas araña Swarovski, es un lugar para vestirse de gala. Inaugurada en el 2016, acoge a algunos de los más grandes intérpretes del mundo. Su ingenioso diseño le permite transformarse para dar cabida a un montón de eventos diferentes: conciertos, actuaciones, exposiciones, teatro, comedia y otros.

Agua, música y luz FUENTE

PLANO: **3** P. 92 **G3**

En un lago flanqueado por el Burj Khalifa y el Dubai Mall, la fantástica **fuente de Dubái** ofrece un increíble espectáculo nocturno que maravilla a niños y adultos. Los chorros de agua, propulsados a 140 m de altura, siguen una coreografía al son de música occidental, árabe y clásica, y un juego de luces ilumina todo el espectáculo, que se repite cada media hora al anochecer. El mirador del exterior del Dubai Mall suele estar abarrotado para verlo, conviene llegar justo antes de que finalice la sesión anterior para asegurarse un buen sitio.

Andar por el aire PUENTE DE CRISTAL

PLANO: **4** P. 92 **D1**

Sky Views Dubai invita a andar 220 m sobre el aire por un puente de cristal que une las dos torres del hotel Address Sky View, y luego bajar un piso por un tubo transparente exterior. No es recomendable si se sufre vértigo. Los más atrevidos pueden colocarse un arnés y dar un "Edge Walk": una vuelta por el altísimo saliente que rodea el hotel.

Los flamencos de Ras Al Khor OBSERVACIÓN DE AVES

PLANO: **5** P. 92 **H6**

A 14 km del Burj Khalifa, la **reserva de fauna de Ras Al Khor** fue fundada en 1985. Allí viven más

☾ NORMAS DURANTE EL RAMADÁN

Durante el mes sagrado del Ramadán, los musulmanes ayunan del alba a la puesta del sol, y los horarios de los centros comerciales de la ciudad se amplían. Muchos de ellos –Dubai Mall incluido– abren al menos hasta medianoche. Si se visita Dubái en esta época del año, es importante respetar la cultura local: vestir con decoro y no comer ni beber en espacios no designados para ello.

de 170 especies de aves, entre las que destaca el gran flamenco, la estrella de los meses de invierno. El santuario ofrece zonas de observación de aves y prismáticos para poder observar a los animales sin molestarlos. Entrada gratuita.

Dubai Design District BARRIO

PLANO: **6** P. 92 **E6**

Uno de los barrios más nuevos de la ciudad es el colorido **Dubai Design District,** o D3. Junto a Al Khail Rd, a 4 km del Dubai Mall, es una zona comercial, artística y creativa en plena evolución. Con una arquitectura vanguardista, murales y marcas únicas, alberga tiendas conceptuales, estudios artísticos y *showrooms*. Las opciones gastronómicas van desde el local favorito de los *hipsters,* Joe & the Juice (p. 104), y el popular Akiba Dori (p. 104) hasta el *ramen* casero de Yui (p. 104). Para llegar se puede tomar el autobús F13 desde el Dubai Mall, pero es más espectacular hacerlo en taxi acuático, apeándose en la Dubai Design District Marine Transport Station.

Gate Village COMER

PLANO: **7** P. 92 **H1**

Dos puentes de madera unen el colosal Dubai International Finance Centre con **Gate Village,** un moderno conjunto de torres revestidas de piedra, avenidas y pequeñas plazas donde se han ubicado la mayoría de las galerías de arte exclusivas de Oriente Medio, junto a restaurantes selectos como Zuma (p. 105) y La Petite Maison y bares tan populares como la coctelería Alma (p. 105) y el celestial Galaxy Bar (p. 105).

Una aventura árabe SAFARI

PLANO: **8** P. 92 **A1**

Aventura en las dunas con el veterano operador **Arabian Adventures.** La excursión al desierto incluye paseos en camello, pinturas de *henna* y surf de arena. El día se completa con un festín de barbacoa árabe.

Lo mejor para...

Localizaciones en el plano de la **p. 92**

$ Económico $$ Medio $$$ Alto

Comer

Locales de moda

Foundry $$
 C3
Galería de arte y cafetería, ideal para ver pasar a la gente. *10.00-22.00*

Ten11 $$
10 H4
Buen ambiente y buen café. En el Dubai Mall. *10.00-24.00*

Bohox $$
11 F4
Ofrece una carta internacional y buenas opciones veganas. *9.00-1.00*

Joe & the Juice $$
12 E6
Local danés con una gran selección de zumos, tentempiés y cafés. *8.00-23.00*

Yui $$
13 F6
La primera casa de *ramen* casero de los EAU. Buenos boles de fideos. *12.00-23.30*

Boca $$
14 H1
Apuesta por lo sostenible y sirve platos mediterráneos. *12.00-3.00*

Cocinas del mundo

Ting Irie $$
15 F5
El primer restaurante jamaicano de los EAU. *12.00-2.00 lu-vi, 13.00-2.00 sa y do*

Leila $$
16 C3
Cocina libanesa. *10.00-0.45 ju-sa, 10.00-12.45 do-mi*

Fouquet's $$$
17 F4
Ofrece cocina francesa selecta y vistas al Burj Khalifa. *8.00-22.00*

Jun's $$
18 C3
Herencia china e influencias foráneas. Notable carta de sakes. *12.00-1.00*

Akiba Dori $$
19 F6
Italia y Japón son la inspiración de este bar-restaurante. *12.00-24.00*

Eataly $$
20 H4
Animado y familiar, en el Dubai Mall. *10.00-24.00*

Vistas a la fuente

Trove $$
21 G3
Una carta internacional, con la mayor terraza del Dubai Mall. *10.00-24.00*

Abd El Wahab $$
22 G4
Local libanés que sirve sabrosos *mezze* con vistas en Souk Al Bahar. *12.00-24.00*

Thiptara $$$
23 F4
Cocina tailandesa selecta, gastronomía de Bangkok. *18.30-23.30*

Time Out Market $$
24 G3
Zona muy animada, con terraza y restaurantes locales. *12.00-24.00 lu-vi, desde 10.00 sa y do*

Los mejores desayunos

At.mosphere $$$
25 G3
Desayunos muy tentadores en el piso 122 del Burj Khalifa. *7.00-24.00*

Susan's Baking Company $
26 E4
Desayunos al estilo americano y bollería con opciones veganas y sin gluten. *7.00-22.00*

Table Otto $$
27 H3
En Dubai Mall, donde saborear el mundo: *spanakopita* griega, torrijas y pan de pita turco. *10.00-23.00*

Ida Bakery & Bistro
 28 F4

Pastelería artesanal con un bonito interior bohemio. *8.00-23.00*

Daily
 29 F2

Restaurante de estilo industrial-chic en The Rove Downtown. Buena relación calidad-precio. *6.30-23.00*

Bocados bien de precio

Zaroob
 30 G1

Tiene una carta centrada en Oriente Medio y en los mejores bocados de la región. *24 h*

Mama'esh
31 E1

Sirve bocados palestinos y panes de pita con varios ingredientes ricos. *24 h*

Al Baik
32 H3

De Arabia Saudí, este local sirve un pollo que justifica la cola. En la zona de restauración del Dubai Mall. *10.00-24.00*

Vietnamese Foodies Downtown
 33 D2

Auténtica cocina vietnamita, con abundantes opciones vegetarianas y veganas. *11.30-23.00*

Comida teatral

Alba
 34 D2

Selecto restaurante asiático frente a la Ópera de Dubái. *18.00-24.00 lu-ju, 12.00-24.00 vi-do*

Beber

Bares selectos

Zuma
 35 H2

Moderna *izakaya* japonesa famosa por sus cócteles. *Horario variable.*

Armani/Privé
véase **25** G3

Elegante local nocturno diseñado por Giorgio Armani y situado dentro del Burj Khalifa. *23.00-3.00*

Alma
véase **14** H1

Elaborada coctelería de Londres. *12.00-2.00, hasta 3.00 vi y sa*

Galaxy Bar
 36 G2

Ideal para tomar una copa por la noche bajo un cielo estrellado. *20.00-3.00 ma y mi, 21.00-4.00 ju-sa*

Ce La Vi
véase **4** D1

A 220 m sobre el nivel del mar, es uno de los bares de azotea más altos de la ciudad. *12.00-3.00*

'Gastropubs'

Distillery Dubai Gastropub
 37 F5

Popular entre la gente del Downtown Dubai, sobre todo al salir de trabajar. *15.00-3.00*

Eloquent Elephant
 38 C2

Sirve sabrosos bocados y cerveza artesanal. *12.00-1.00, hasta 2.00 mi y ju, hasta 24.00 vi*

Bridgewater Tavern
39 A2

Local relajado, ideal para ver eventos deportivos y comer tentempiés. *16.00-1.00, hasta 2.00 vi y sa*

Comprar

'Souvenirs'

Candylicious
 40 H4

Dulces de todo el mundo. *10.00-24.00*

Pinocchio World by Bartolucci
 41 H4

Preciosas creaciones italianas en madera. Juguetes y objetos de regalo. *10.00-24.00*

Al Jaber Gallery
42 H3

En el sótano del Dubai Mall. Vende todo tipo de artículos de inspiración árabe. *10.00-23.00*

Sugerencias
de lugares para
comer, beber
y comprar en
p. 119

Explora
Dubai Marina y Palm Jumeirah

El Dubai Marina es uno de los sitios más populares de la ciudad para vivir y visitar. Excavado en el desierto, es uno de los puertos deportivos más grandes del mundo, en torno a un canal de 3 km de longitud flanqueado por rascacielos futuristas. Frente al puerto, Jumeirah Beach Residence –que todo el mundo conoce como JBR– es una concurrida zona residencial, vacacional y de ocio. Más al norte, a lo largo de la costa, está Palm Jumeirah, quizá el proyecto urbanístico más impresionante de Dubái. Desde su inauguración, en el 2007, esta isla en forma de palmera ha sumado 56 km al litoral de la ciudad y cuenta con playas doradas y resorts de lujo. Es el destino vacacional favorito de Dubái.

Cómo desplazarse

 Metro
La línea roja llega a Dubai Marina. Para ir al puerto deportivo hay que bajar en Sobha Realty, y en DMCC para ir a The Walk en JBR.

Monorraíl
Da servicio a Palm Jumeirah. Circula desde el tronco de la isla en forma de palmera hasta el parque acuático Aquaventure.

Tranvía de Dubái
Conecta Dubai Media City, JBR y el Dubai Marina en una ruta circular de 11 km.

Autobús acuático
Con aire acondicionado y vistas, circula entre Marina Walk, Marina Terrace, Marina Mall y Promenade.

Volando sobre Palm Jumeirah.

LO MEJOR

Disfrutar del parque acuático **AQUAVENTURE WATERPARK** (p. 110).

Contemplar vistas espectaculares en **THE VIEW AT THE PALM** (p. 114).

Nadar en las alturas en **AURA SKYPOOL** (p. 115).

Ir a **SKYDIVE DUBAI** para un subidón de adrenalina (p. 114).

Surfear en **WAVEHOUSE** (p. 119).

El Golfo

PALM JUMEIRAH

Más información

Imprescindible ⭐ p. 110
Experiencias ✨ p. 114
Comer 🍴 p. 119
Beber 🍷 p. 120
Comprar 🛍 p. 121

0 — 400 m

El Golfo

Palm Jumeirah Boardwalk

Crescent Rd East

En Fuego 22
Atlantis Aquaventure

Bread Street Kitchen
Nobu
Lost Chambers Aquarium

Aquaventure Waterpark

Atlantis The Palm

White Beach Club

Dubai Balloon 10

Madame Tussauds 19 12 Aïn Dubai
Dubai

Skydive Dubai

Bluewaters Island 11

Bla Bla Beach Club

JBR Playa pública

Dinner in the Sky 9

DUBAI MARINA

Dubai Marina

35
47
36

15 3
50 5

Azure Beach 13

The Walk at JBR 38

Jumeirah Beach Residence 2
Dubai Marina

The Beach at JBR

Jumeirah Beach Residence 1 4

Jumeirah Lakes Towers

XLine Dubai Marina 37 17
Dubai Marina

King Salman bin Abdulaziz Al Saud St

JEBEL ALI

At Marsa St

Sheikh Zayed Rd

DMCC

Dubai Marina Mall

Sobha Realty

Jabal Ali 6

Almas West Lake
Almas East Lake
Lago de Allure

Gran Al Salikhiya St
Al Sarayat St
Al Sehil St
Al Sarayat St
Al Sarayat St

1st Al Khail St

32

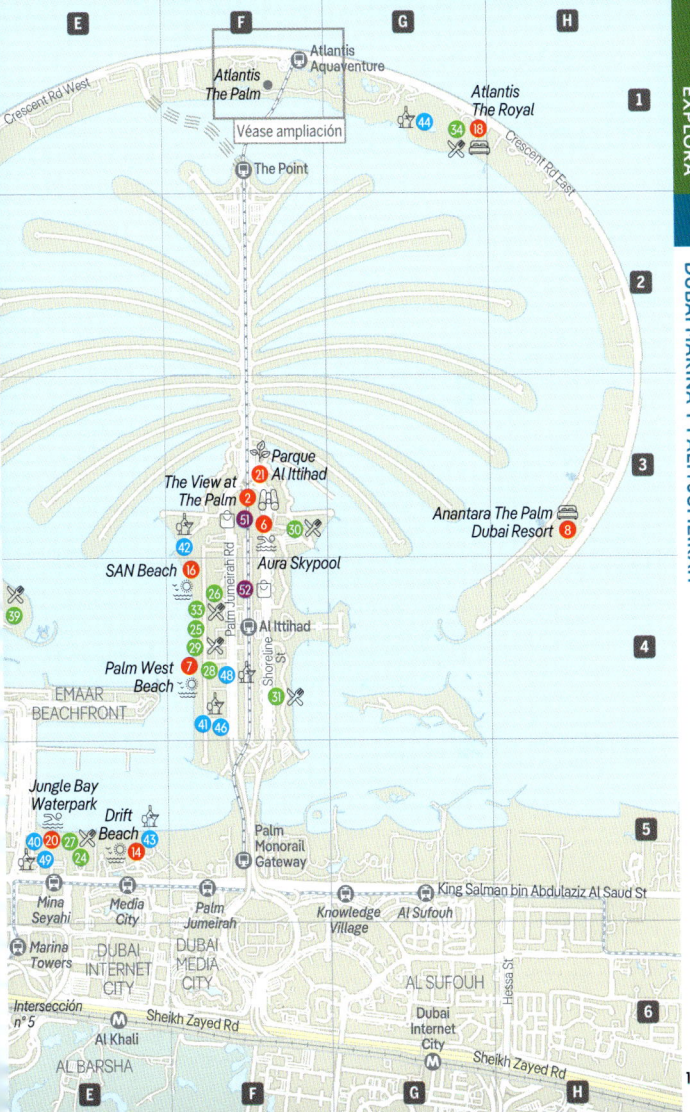

Atlantis
The Palm

Atlantis
Aquaventure

Atlantis
The Royal

Crescent Rd West

Crescent Rd East

E **F** **G** **H**

Véase ampliación

The Point

1

🏛 **44** **34** **18**

2

3

Parque
Al Ittihad

21

The View at
The Palm

Anantara The Palm
Dubai Resort

2

51 **6** **30**

42

Aura Skypool

8

SAN Beach **16**

52

33

26

25

29

4

Al Ittihad

Palm West
Beach **7**

28 **48**

31

39

41 **46**

EMAAR
BEACHFRONT

Palm Jumeirah Rd

Shoreline St

Jungle Bay
Waterpark

Drift
Beach **43**

40 **20** **27**

24

14

49

Palm
Monorail
Gateway

5

Mina
Seyahi

Media
City

Palm
Jumeirah

Knowledge
Village

Al Sufouh

King Salman bin Abdulaziz Al Saud St

Marina
Towers

DUBAI
INTERNET
CITY

DUBAI
MEDIA
CITY

AL SUFOUH

Hessa St

6

Intersección
n° 5

Al Khali

Sheikh Zayed Rd

Dubai
Internet
City

Sheikh Zayed Rd

AL BARSHA

E **F** **G** **H**

Atlantis The Palm

El opulento Atlantis The Palm es el complejo turístico dubaití por excelencia. Inspirado en la leyenda de la ciudad perdida de la Atlántida, preside el perfil urbano con sus torres y torreones. También es el destino familiar favorito, ya que cuenta con un acuario y con el parque acuático más grande del mundo.

PLANO: P. 108 **B3**

CONSEJO
Reservar con antelación para el parque acuático y otras actividades, así se obtiene descuento. Si el viajero va durante la semana de su cumpleaños, entrará gratis.

Escanea este código QR para precios, horarios y demás.

Un parque para todo el mundo

Al entrar en el túnel de Palm Jumeirah de camino al resort, se ve el palaciego edificio Atlantis, pero al llegar al otro lado, ¡sorpresa!, la colosal estructura parece haber desaparecido. Es una ilusión óptica debida al túnel submarino.

Atlantis The Palm es digno de una película Disney. Tiene 1500 habitaciones, incluida una suite subacuática con ventanales que van del suelo al techo, para que sus ocupantes vean a los tiburones, rayas y peces que nadan alrededor. Si se viaja con niños, esto es un paraíso del ocio en familia: desde las esculturas del vestíbulo hasta el impresionante desayuno de Kaleidoscope y los clubes infantiles de todas las edades, todo es muy ameno.

¡Al agua!

La gran estrella del resort es el **Aquaventure Waterpark** (PLANO: P. 108 **B3**), el parque acuático con más toboganes del mundo. Destacan Blackout, una caída casi vertical no apta para cardíacos; Odyssey of Terror, el tobogán más alto del mundo, y Shark Attack, donde los usuarios se deslizan por un túnel de cristal en aguas infestadas de tiburones (no son tiburones de verdad). El parque tiene tres zonas temáticas y una playa privada de 1 km, cabañas para alquilar y un río sinuoso. En **Lost Chambers Aquarium** (PLANO: P. 108 **B3**) aguardan más aventuras acuáticas, con 21 exposiciones sobre los misterios

BRUNOCOELHO/SHUTTERSTOCK ©

de las profundidades oceánicas y 65 000 animales marinos que viven en Ambassador Lagoon.

Festín gastronómico

Después de tanta diversión hay que reponer fuerzas, y abundan las opciones para ello. El famoso chef japonés **Nobu Matsuhisa** (PLANO: P. 108 **A3**) tiene aquí un restaurante, y está bien acompañado con el **Bread Street Kitchen** (PLANO: P. 108 **B3**), de Gordon Ramsay, al lado. **En Fuego** (PLANO: P. 108 **B3**) ofrece cocina latina y **Saffron** (p. 119) prepara uno de los *brunches* de sábado más impresionantes de la ciudad. La oferta de **Wavehouse** (p. 119) es más informal, y cuenta con una bolera y una sala de máquinas recreativas. **White Beach Club** (PLANO: P. 108 **A3**) es para la temporada de invierno (cierra en verano): un local con dos piscinas, tumbonas y vistas a la playa.

UNA PAUSA
Quien busque un local más sencillo que los restaurantes del hotel, puede ir a **The Avenues,** una avenida comercial que alberga locales como Starbucks y la heladería Cold Stone.

CIRCUITO A PIE

Un paseo por el Dubai Marina

Construido alrededor de un canal de 3 km de largo y salpicado de rascacielos, el Dubai Marina es uno de los puertos deportivos recreativos más grandes del mundo. Pasear por él es muy agradable, sobre todo de noche, con los edificios y los barcos iluminados, y luego cenar o ir de copas a alguno de sus locales.

INICIO	FINAL	DURACIÓN
Torre Cayan	Massimo's Italian	2,5 km; 1½ h

❶ Hacia las alturas

Empezar por la espectacular **torre Cayan,** un edificio retorcido, literalmente: sus 75 pisos suben 307 m en espiral en un ángulo de 90 grados. Diseñado por Skidmore, Owings & Merrill, mente creadora del Burj Khalifa, es la torre más inspiradora de todas las que hay en esta parte de la ciudad.

❷ En bici

Si los pies empiezan a pesar, es buena idea alquilar una bicicleta en uno de los puestos que hay alrededor de Dubai Marina y Palm Jumeirah; la **estación Nextbike** junto al supermercado Spinneys es muy útil. Solo hay que registrarse en la web, donde se explica cómo funciona el sistema.

❸ Por el agua

Se puede seguir por la costa y optar por otro transporte interesante: si apetece dar una vuelta panorámica por el puerto deportivo, hay que usar el **autobús acuático,** que funciona como lanzadera entre Marina Walk, Marina Terrace, Marina Mall y la Promenade cada 15 min. Es una forma deliciosa de viajar durante la puesta de sol o al anochecer, cuando la ciudad cobra vida y sus rascacielos se iluminan.

❹ Compras a pequeña escala

De vuelta en la orilla, toca ir de compras o a ver escaparates. Con menos de 200 tiendas –lo cual es poca cosa para los estándares de Dubái–, el **Dubai Marina Mall** no figura entre los grandes centros comerciales de la ciudad, pero sus tiendas son igual de interesantes y es más difícil perderse. Su elemento arquitectónico central es el atrio gigante donde los niños montan en un trenecito de juguete.

❺ Torre gastronómica

Un poco más allá, en la orilla, el circular **Pier 7,** de siete pisos, es un paraíso para los amantes del buen comer. Cada piso tiene un restaurante o un bar de moda con terraza y vistas magníficas a los barcos del puerto y las torres iluminadas. Destacan **Asia Asia,** con sugerentes platos asiáticos, y **Atelier M** (p. 120), con cócteles y vistas desde la azotea.

❻ Festín familiar

Hay que retroceder, cruzar el puente y dirigirse al norte, siguiendo el agua, hacia el apacible **Massimo's Italian Restaurant,** que ofrece vistas al agua, platos geniales y auténticos helados italianos.

EXPERIENCIAS

Saltar de una avioneta
PARACAIDISMO

PLANO: **1** P. 108 **D5**

Los fans de las emociones fuertes disfrutarán saltando de un avión y dejándose caer de vuelta a tierra firme con vistas a Palm Jumeirah y las aguas del golfo Pérsico. **Skydive Dubai** ofrece saltos en tándem todo el año. El día empieza en la sala de formación, donde el saltador se equipa, conoce a su monitor y recibe instrucciones básicas de seguridad. Después se sube a una avioneta, emprende el vuelo y, al alcanzar los 13 000 pies de altura, ¡salta! Un consejo: que nadie olvide respirar antes de saltar, es difícil hacerlo durante la caída libre. Tampoco hay que olvidar sonreír a la cámara, el monitor filma toda la experiencia, así luego quien salta puede compartirla con sus amistades.

Admirar las vistas de The Palm
MIRADOR

PLANO: **2** P. 108 **F3**

Para contemplar el impresionante perfil de Palm Jumeirah desde tierra firme (aunque a varios pisos de altura), una buena opción es **The View at The Palm.** Situado a 240 m en lo alto de una torre diseñada en forma de palmera, la plataforma-mirador rodeada de cristal ofrece vistas de primera sobre el Golfo y el extenso perfil urbano de la ciudad. La entrada incluye el acceso a la **View Ex-**

hibition, una exposición digital interactiva que explica el archipiélago artificial dubaití. Para ir a lo grande, comprar una entrada **Next Level,** que permite saltarse la cola y da acceso al mirador más elevado, en el piso 54.

Visitar el animado JBR
BARRIO

Uno de los barrios más animados y concurridos de Dubái es **Jumeirah Beach Residence (JBR).** Empezó como una apacible zona residencial playera y hoy es uno de los distritos más vivos de Dubái. Alberga hoteles de playa, bares de moda y restaurantes selectos, y también es conocido por su intenso tráfico, así que hay que tomárselo con calma si se va a visitar a alguien allí. La popular **playa pública** (PLANO: **3** P. 108 **C5**) es de acceso gratuito y cuenta con duchas y aseos, pero los fines de semana y los festivos se llena de gente. Es buena idea pasear por el **Walk at JBR** (PLANO: **4** P. 108 **C5**), un bulevar de playa flanqueado por cafés y restaurantes, y luego ir a comprar en las tiendas del centro comercial al aire libre de **Beach at JBR** (PLANO: **5** P. 108 **C5**).

Aura Skypool, una piscina en las nubes
NADAR

PLANO: **6** P. 108 **F3**

Para zambullirse a 200 m de altura en la piscina infinita de 360 grados más alta del mundo. Curvada alrededor del piso 50 del hotel

Palm Tower, la **Aura Skypool** es 9 m más alta que la famosa piscina infinita del Marina Bay Sands de Singapur. Es imprescindible reservar por franjas horarias: amanecer, mañana, tarde o anochecer, esta última permite nadar bajo un cielo estrellado. Desde la piscina climatizada las vistas van de Palm Jumeirah y el océano al Downtown Dubai. Hay tumbonas para descansar, bocados para comer y momentos para hacerse el inevitable selfi. Es ideal para ver la puesta de sol.

Pasar el día en Palm West Beach
PLAYA

PLANO: **7** P. 108 **F4**

Mitad playa pública, mitad paseo marítimo, **Palm West Beach,** en el tronco de Palm Jumeirah, es perfecta para tomar el sol. Invita a andar o correr por sus circuitos de *running,* o a acomodarse en la prístina playa de 1,6 km, para luego pasear por el bulevar hasta dar con un restaurante apetecible, como Señor Pico (p. 119) o Koko Bay (p. 119). La guinda del pastel son las mejores puestas de sol de la ciudad.

Viajar a Tailandia en Anantara The Palm Dubai
RESORT

PLANO: **8** P. 108 **H3**

Para 'viajar' a Tailandia sin salir de los EAU hay que ir a **Anantara The Palm Dubai Resort,** en el creciente oriental de Palm Jumeirah. Este recóndito resort tropical cuenta con palmeras, coloridos *tuk-tuks,* casas sobre el agua y una arquitectura inspirada en los templos de tejados rojos. La costa se explora en canoas tailandesas tradicionales y después se puede comer en **Mekong,** un selecto restaurante con mesas al estilo *rickshaw* y que sirve platos tailandeses, vietnamitas y chinos.

Cenas de altura en Dinner in the Sky
RESTAURANTE

PLANO: **9** P. 108 **D5**

Flotando sobre Skydive Dubai, el singular **Dinner in the Sky** ofrece cenas de altura, en el sentido más literal. Si al viajero le gustan las cenas originales, que se abroche el cinturón de seguridad y se siente en una mesa sobre una plataforma. Una vez preparados, él y sus acom-

---

 **A LA CAZA DE GANGAS**

Dubái es una ciudad cara, pero hay opciones para reducir los costes. Si apetece pasar un día en un club de playa, consúltense las redes sociales de los sitios a los que apetece ir, porque a veces hay ofertas especiales en días concretos de la semana o en franjas horarias determinadas, y suelen anunciarlo en sus perfiles. En verano la entrada a las piscinas es más barata gracias al festival Dubai Summer Surprises. Además, en las webs de descuentos, como Groupon y Cobone, también hay ofertas, pero deben reservarse con antelación.

pañantes, una grúa eleva la plataforma a 50 m del suelo y, ya en las alturas, disfrutan de un festín de tres platos, cócteles y otras bebidas; todo ello maridado con épicas vistas de Dubái Marina, Palm Jumeirah y el Golfo.

En globo con Dubai Balloon

PASEO EN GLOBO

PLANO: **10** P. 108 **B3**

Inaugurada en el 2023, **Dubai Balloon** es una experiencia aérea que transporta al viajero a 300 m de altura para admirar las vistas de 360 grados de la ciudad. Situado en el resort **Atlantis The Palm,** este globo de helio tiene capacidad para 20 personas. Los vuelos duran unos 10 min, tiempo suficiente para contemplar el paisaje y sacarse unos selfis. Los días claros se llega a ver el Burj Khalifa. Que nadie tema, el globo está amarrado y no puede salir volando.

Bluewaters Island

BARRIO

PLANO: **11** P. 108 **B5**

Bluewaters Island es una de las últimas novedades de esta ciudad de islas artificiales. Situada frente a Dubai Marina, su gran estrella es la noria **Ain Dubai** (PLANO: **12** P. 108 **C4**; cerrada mientras se escribía esta guía), otra construcción de récord que se eleva 210 m sobre la costa. La popular área residencial cuenta con varios bares y restaurantes, como **Puerto99,** que ofrece divertidas fiestas mexicanas, o **London Project,** con un frondoso jardín. El hotel **Banyan Tree Dubai** acaba de abrir sus puertas en la isla. Cuenta con excelentes restaurantes asiáticos, un ambiente sereno y vistas épicas al océano.

Los mejores clubes de playa de Dubái

PLAYA

El litoral de la ciudad dispone de una amplia variedad de playas ideales para pasar un día relajado, pero, al más puro estilo dubaití, también cuenta con un animado panorama de clubes marítimos pensados para quienes buscan algo más que una costa inmaculada. Carpas, DJ, miradores y restaurantes selectos marcan la norma de estos locales que combinan arena, sol y lujo; y esta zona cuenta con una completa selección

---

 COMPRAR ALCOHOL EN DUBÁI

¿Se puede beber alcohol en Dubái? Sí, en muchos sitios. Los turistas mayores de 21 años pueden beber alcohol en bares y clubes con licencia para servirlo, la mayoría de los cuales están en los hoteles de estilo occidental. Por ley, para beber en cualquier otro lugar hay que tener una licencia de alcohol, fácil de obtener tanto para los residentes como para los turistas: solo hay que ser no musulmán y presentar el pasaporte. En el *duty-free* del aeropuerto internacional de Dubái se puede comprar alcohol sin licencia ni documento de identificación.

donde elegir. Se puede ir a **Azure Beach** (PLANO: **13** P. 108 **C5**), en el Rixos Premium JBR, que ofrece buen ambiente, muy buena música y vistas perfectas de Ain Dubai y la puesta de sol desde su piscina infinita; o al exclusivo **Drift Beach** (PLANO: **14** P. 108 **E5**), en el One&Only Royal Mirage, que tiene 1 km de playa privada y una piscina infinita panorámica y sirve excelente cocina mediterránea. Otro local destacado es **Bla Bla** (PLANO: **15** P. 108 **C5**), en JBR, uno de los más populares de la ciudad, que cuenta con un club muy conocido por la gente joven de la ciudad y mucha música veraniega. **SAN Beach** (PLANO: **16** P. 108 **F4**), de estilo bohemio chic, tiene un ambiente ideal y redefine el concepto de tomar el sol con otro nivel.

Sobrevolar la ciudad con XLine Dubai Marina   AVENTURA
PLANO: **17** P. 108 **C6**

Para sobrevolar Dubai Marina a 80 km/h en la tirolina urbana más larga del mundo. Los más atrevidos disfrutarán de este recorrido de 1 km por encima del Dubai Marina Mall con **XLine Dubai Marina.** El trayecto, que alcanza la máxima velocidad a los 3 min, sale de una plataforma a 170 m de altura y ofrece vistas increíbles de la ciudad... ¡a quien tenga la valentía de mantener los ojos abiertos! Dos cables paralelos hacen de esta atracción una opción ideal para

parejas: solo hay que equiparse y gritar al unísono.

Atlantis The Royal   CENAS Y PISCINAS
PLANO: **18** P. 108 **G1**

Hermano mayor del hotel Atlantis original, este **resort acristalado** supera a su vecino en tamaño y esplendor. Su elegante y lujoso diseño incorpora esculturas y elementos de agua y fuego. Cuenta con 17 restaurantes, seis de los cuales están capitaneados por chefs estrella. El resort tiene también 90 piscinas, incluida **Cloud 22,** una espectacular piscina infinita en el piso 22 (hay pases de un día).

Las estrellas del Madame Tussauds   MUSEO
PLANO: **19** P. 108 **B4**

En el 2021, **Madame Tussauds** inauguró en Dubái su museo de Oriente Medio. Quien visite el museo en Bluewaters Island encontrará un sinfín de figuras de celebridades del mundo de la música, el cine, la ficción, la política y la realeza; algunas de las más populares son las de Taylor Swift, Justin Bieber o David y Victoria Beckham, pero también hay gente famosa del mundo árabe, como la cantante Nancy Ajram y la maquilladora bloguera Huda Kattan. En la zona de Bollywood destacan las figuras de Salman Khan y Katrina Kaif, y los visitantes pueden sentarse a tomar el té con la figura de Audrey Hepburn.

Refrescarse en Jungle Bay

PARQUE ACUÁTICO

PLANO: **20** P. 108 **E5**

El parque acuático más bonito de Dubái, **Jungle Bay,** está en el recinto de Le Meridien Mina Seyahi, un resort familiar que hay detrás de Jumeirah. Tiene el buen ambiente del mar Egeo, está construido en torno a un curioso faro y ofrece diversión acuática para todas las edades. Es ideal para las familias con niños pequeños, porque sus dimensiones reducidas facilitan que los padres puedan vigilar a sus pequeños, que se deslizarán por los toboganes Whizzard Slides, chapotearán en la piscina de olas de 6 m y jugarán en la zona AquaPlay. También hay una carpa para padres. A diferencia de otros parques acuáticos, donde la comida es muy cara y limitada, aquí las opciones, ofrecidas por los hoteles Le Meridien y Westin, son muy variadas.

Un respiro en el parque Al Ittihad

NATURALEZA

PLANO: **21** P. 108 **F3**

A la sombra del Palm Monorail hay una zona verde casi secreta. Abierto a todo el mundo, el **parque Al Ittihad** es especialmente popular entre los residentes de Palm Jumeirah, las familias y los amantes de las mascotas. Tiene una zona de paseo y para correr, cascadas decorativas, atracciones acuáticas y más de 100 especies de plantas, muchas de las cuales están señalizadas. También hay varios parques infantiles, con toboganes y columpios, y parques caninos. El vecino **Golden Mile Galleria Mall** (p. 121) cuenta con varios cafés donde tomar un refrigerio.

Palm Jumeirah con presupuesto asequible

BARRIO

Lleno de hoteles de cinco estrellas, restaurantes selectos y bares a los que solo se puede entrar con reserva, Palm Jumeirah parece un barrio muy caro, pero no tiene por qué ser así. El día puede empezar con un trayecto panorámico en el **monorraíl de Palm Jumeirah,** cuyo pase de día con viajes ilimitados cuesta 35 AED, y los niños que miden menos de 110 cm viajan gratis. Se baja en el parque Al Ittihad y se da un paseo por esta frondosa zona verde llena de parques infantiles y zonas de pícnic. Luego se va a la **Golden Mile Galleria** (p. 121) y se visita **Thrift for Good,** la tienda de segunda mano de Dubái, que vende ropa, artículos del hogar y otros productos desde 1 AED. Tras curiosear por la tienda, volver a tomar el monorraíl para ir a la siguiente parada, **Nakheel Mall** (p. 121), inaugurado en el 2019, que cuenta con más de 300 tiendas. Volver a montar en el monorraíl e ir Aquaventure Waterpark (p. 110).

Lo mejor para...

$ Económico $$ Medio $$$ Alto

Comer

'Brunches'

Saffron $$$
22 B3

El bufé de *brunch* más grande de la ciudad. Muy concurrido los sábados, emana fiesta con un montón de barras, bailarinas, ocio en directo y música cada vez más fuerte. En Atlantis The Palm. *13.00-16.00 sa*

Akira Back $$$
23 D2

El *brunch* del domingo en este local de W The Palm ofrece platos asiáticos y bebidas sin fin, con música relajada y vistas al Golfo. *13.00-16.00 do*

Bubbalicious at the Westin $$$
24 E5

Su *brunch* es uno de los favoritos de la ciudad, con 10 minicocinas, actividades infantiles y un bufé que abarca tres restaurantes, además de barra libre de bebidas. *13.00-16.00 sa*

Maison Mathis $$
25 F4

Popular entre los residentes, este local ofrece un buen *brunch* sabatino, con desayunos, bollería recién hecha, *pizza*, mejillones, hamburguesas y otros platos. Tiene una terraza con mesas en la popular Palm West Beach. *13.00-16.00 sa*

Bā $$$
26 F4

Sirve *brunch* las tardes de viernes y sábado. Es un sitio elegante y animado, con platos asiáticos y cócteles artesanales. *18.00-23.00 vi y sa*

Almuerzos

Bounty Beets $$
27 E5

Un restaurante bañado en rosa donde saborear una hamburguesa completa o un plato vegano y captar imágenes para Instagram. *8.00-19.00*

Señor Pico $$
28 F4

Colorido local mexicano de la popular Palm West Beach que sirve ricos tacos, deliciosos burritos y guacamole recién

hecho. *12.00-24.00 do-mi, hasta 1.00 ju-sa*

Koko Bay $$$
29 F4

Este local de Palm West Beach inspirado en Bali es mitad club de playa, mitad restaurante. Se puede reservar tumbona o mesa, y disfrutar de su cocina asiática. *22.00-24.00, 22.00-2.00 vi y sa, 22.00-1.00 do*

En familia

Mina's Kitchen $$
véase **24** E5

Local familiar con una vivaz decoración botánica y comida de tipo bufé. Incluso el comensal más tiquismiquis encontrará un plato de su gusto. *7.00-10.30, 12.30-15.00 y 18.00-22.00*

Wavehouse $$$
véase **22** B3

Bolera, máquina de olas, juegos recreativos y una zona de juegos blanda gratuita hacen de este restaurante en Atlantis un éxito entre niños de todas las edades. La guinda del pastel es pedir el postre para compartir en tabla de surf. *12.00-1.00*

Limonata
30 F3

Escondido en el Club Vista Mare, sirve buena cocina italiana y cuenta con una playa privada con tumbonas de rayas blancas y amarillas. *12.00-1.00*

Byron Bathers Beach Club
31 F4

Inspirado en las playas australianas, este rincón azul y blanco cuenta con una carta muy apreciada, piscina y zona de juegos en la playa. *9.00-23.00*

Sanderson's Cafe
32 B6

Local de Sustainable City con un interior tropical y una carta con abundantes opciones veganas y vegetarianas, además de una zona de juegos infantil. *7.00-21.00*

Algo diferente

El Sur
véase **24** E5

Uno de los mejores restaurantes españoles de Dubái. Tiene un bar animado y una carta original con los platos típicos y alguna sorpresa. También organiza sesiones para beber de porrón. *18.00-22.30*

Black Flamingo
33 F4

Decoración de neón, paredes moradas y sillas con tapizado tropical dan forma a este bar inspirado en Miami que sirve ricos platos de inspiración criolla y caribeña. *13.00-3.00*

Dinner by Heston Blumenthal
34 G1

Cenas selectas, contemporáneas y con un punto experimental a cargo del famoso chef británico. *18.00-23.00 mi-sa, 12.00-15.00 y 18.00-23.00 do*

Trèsind Studio
véase F3

Con dos estrellas Michelin y una carta con 14 platos creativos, refinados y de inspiración india. *12.00-23.45*

Dream
35 B5

Acrobacias, música en directo y deliciosa cocina mediterránea. *20.00-3.00 mi-do*

Cena y copas

Maine Oyster Bar & Grill
36 B5

Ostras deliciosas, una carta al estilo bistró y un ambiente muy animado en este local de moda del hotel DoubleTree, en JBR. *12.00-24.00*

Atelier M
37 C6

En Pier 7, esta azotea ofrece un festín de platos mediterráneos y, después, pista de baile. *18.00-24.00*

Ling Ling
véase G1

Su alta cocina asiática y excelentes cócteles lo han convertido en uno de los locales nocturnos favoritos de Dubái. *18.00-1.00*

STK Steakhouse
38 C5

La sede dubaití del opulento asador famoso por sus espectáculos de champán y sus bailarines (atención a los camareros que bailan *breakdance*). *18.00-1.00*

Stay
39 E4

Elegante cocina francesa con estrella Michelin al final de Palm Jumeirah. *19.00-23.00*

Ossiano
véase B3

En Atlantis The Palm, sirve pescados y marisco con estrella Michelin y vistas a un enorme acuario. *18.00-23.00*

Beber

Bares de playa

Barasti
40 E5

Un clásico de Dubái al estilo *tiki* que lleva casi 30 años en activo. *9.00-3.00*

Orange Chameleon
 F4

Tranquilo bar de playa con hermosas vistas del Dubai Marina. *12.00-3.00*

305
 F3

Local rosa muy popular dentro de The Club donde tomar una copa junto al mar. Con vistas a la playa, cómodas carpas y piscina privada. *9.00-22.00, hasta 24.00 vi y sa*

Jetty Lounge
 E5

Relajado bar de playa con tentempiés selectos, excelentes cócteles y maravillosas vistas de la puesta de sol. *17.00-1.00*

Azoteas con vistas

Cloud 22
44 **G1**

En Atlantis The Royal, es el sitio ideal para luego presumir en redes sociales: ofrece una piscina infinita de 90 m, una carta de platos franceses y mediterráneos, vistas al Golfo y a Palm Jumeirah, y la oportunidad de codearse con famosos. *10.00-20.00*

SoBe
45 **D2**

Bar en la azotea del hotel W Dubai The Palm, ofrece vistas de 360 grados de la ciudad desde su enorme terraza. *17.00-3.00 mi-vi, 16.00-3.00 sa, 16.00-1.00 do, 17.00-1.00 lu y ma*

Penthouse
 F4

En la azotea del hotel Five Palm Jumeirah. Cocina japonesa de fusión, sesiones de DJ y vistas impresionantes. *17.00-4.00*

ZETA Seventy Seven
47 **B5**

En lo alto del hotel Address, junto a la piscina infinita más elevada del mundo. Este oasis ofrece vistas cautivadoras de Palm Jumeirah, además de una sabrosa carta de platos de fusión asiática. *10.00-2.00*

Above Eleven
 F4

Un local muy animado, importado de Bangkok, con vistas al perfil urbano del Dubai Marina. *16.00-1.00 lo-ju, hasta 2.00 vi y sa*

Attiko Dubai
 E5

Vistas panorámicas del océano y una carta de cócteles originales aguardan al viajero en la azotea del hotel W Dubai Mina Seyahi. *17.00-1.00 do-vi, 14.00-17.00 y 19.00-1.00 sa, cerrado mi*

Vida nocturna

Soho Garden
véase **F3**

Dentro de un centro comercial, es uno de los mejores locales nocturnos de Dubái. *20.00-2.00, cerrado lu y ju*

Tent at Bla Bla Dubai
 C5

Tres pisos, 465 m^2, nueve bares únicos y un escenario forman este popular local nocturno de JBR. Hay que vestir elegante. *20.00-3.00, hasta 4.00 vi*

Comprar

Centro comercial

Nakheel Mall
 F3

Un centro comercial de dimensiones asequibles, con tiendas de marcas conocidas, un par de boutiques de diseño, una fantástica zona de restauración y acceso a The View at The Palm. *10.00-23.00 do-ju, hasta 24.00 vi y sa*

Golden Mile Galleria
 F4

Centro comercial de barrio con restaurantes, salones de belleza, gimnasios y cafeterías. *10.00-22.00*

Beach at JBR
véase **5** **C5**

Centro comercial al aire libre con boutiques de moda y tiendas de regalos, maquillaje y artículos del hogar. *10.00-23.00 lu-ju, hasta 24.00 vi-do*

Sugerencias
de lugares para
comer, beber
y comprar en
p. 132

Explora
Sur de Dubái

El polifacético sur de Dubái, que amplia el perímetro de la ciudad, comprende Dubai Parks & Resorts, con zonas de ocio y parques temáticos como Legoland Dubai; varias áreas residenciales y Jebal Ali, la zona industrial de Dubái. Esta región es ideal para los amantes de la naturaleza: aquí se encuentra la Reserva del Desierto de Al Marmoom, la reserva natural sin vallar más grande del país. Ocupa el 10% de la superficie terrestre de Dubái y es un refugio para aves y animales autóctonos poco comunes, como gacelas y zorros del desierto. En esta parte se halla también Expo City Dubai, un recinto que se construyó para albergar la Dubai Expo 2020 y cuya superficie es el doble de la de Mónaco. Con magníficos pabellones de exposición y bonitas zonas verdes, es perfecto para pasear.

Cómo desplazarse

 Metro
Al sur de Dubái llega la línea roja del metro, con paradas en Jebel Ali y Expo 2020.

 **Autobús**
Hay una estación principal de autobuses en Ibn Battuta Bus Mall. Desde aquí salen autobuses a Dubai Parks & Resorts, Expo City, e incluso a Abu Dabi.

 Taxi
Es la única opción para llegar a los puntos más remotos del sur de Dubái.

LO MEJOR

Hacer una excursion por la **EXPO CITY DUBAI** (p. 128).

Probar delicias del desierto en **BAB AL SHAMS DESERT RESORT** (p. 131).

Disfrutar en este parque temático: **DUBAI PARKS & RESORTS** (p. 126).

Ir de pícnic al **LAGO AL QUDRA** (p. 130).

Tomar un refrigerio en **AL WASL CAFÉ** (p. 129).

Flamencos, lago Al Qudra (p. 130).
GISTEL CEZARY WOJTKOWSKI/ISTOCK/GETTY IMAGES ©

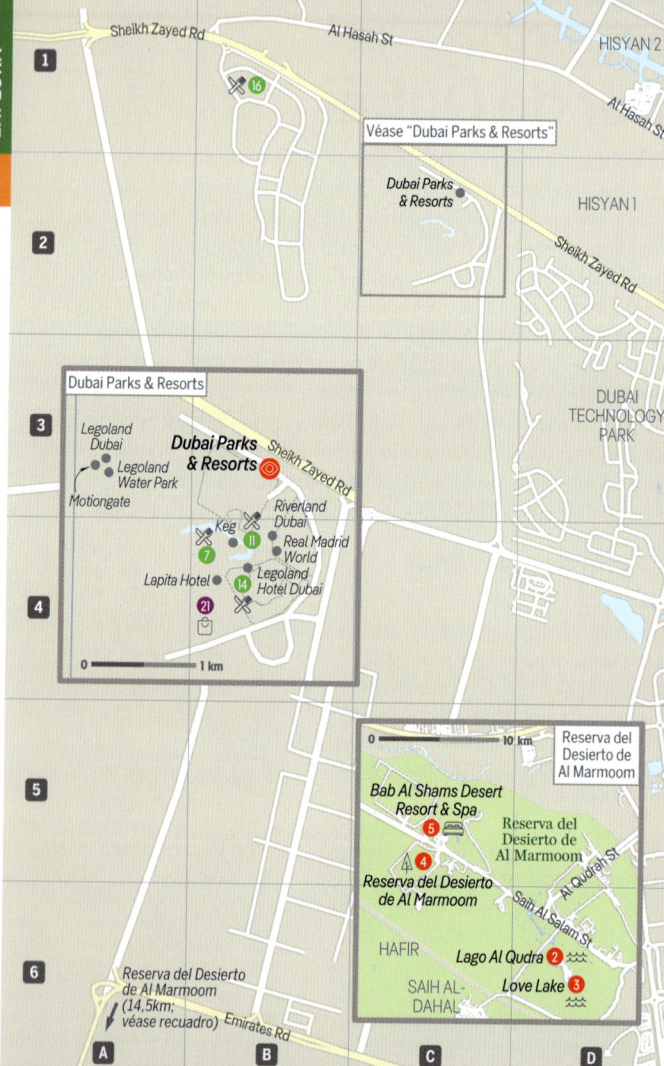

Map labels

A   B   C   D

1

Sheikh Zayed Rd
Al Hasah St
HISYAN 2
Al Hasah St

16

Véase "Dubai Parks & Resorts"

Dubai Parks
& Resorts

HISYAN 1

2

Sheikh Zayed Rd

Dubai Parks & Resorts

3

Legoland
Dubai
Legoland
Water Park
Dubai Parks
& Resorts
Sheikh Zayed Rd
Motiongate

DUBAI
TECHNOLOGY
PARK

Keg
Riverland
Dubai
7 11 Real Madrid
World
Lapita Hotel   14   Legoland
Hotel Dubai

4

21

0 ———— 1 km

5

Reserva del
Desierto de
Al Marmoom

0 ———— 10 km

Bab Al Shams Desert
Resort & Spa
5
Reserva del
Desierto de
Al Marmoom
4
Reserva del Desierto
de Al Marmoom

Al Qudra St
Saih Al Salam St

6

Reserva del Desierto
de Al Marmoom
(14,5km;
véase recuadro)
Emirates Rd

HAFIR
Lago Al Qudra 2
Love Lake 3

SAIH AL-
DAHAL

A   B   C   D

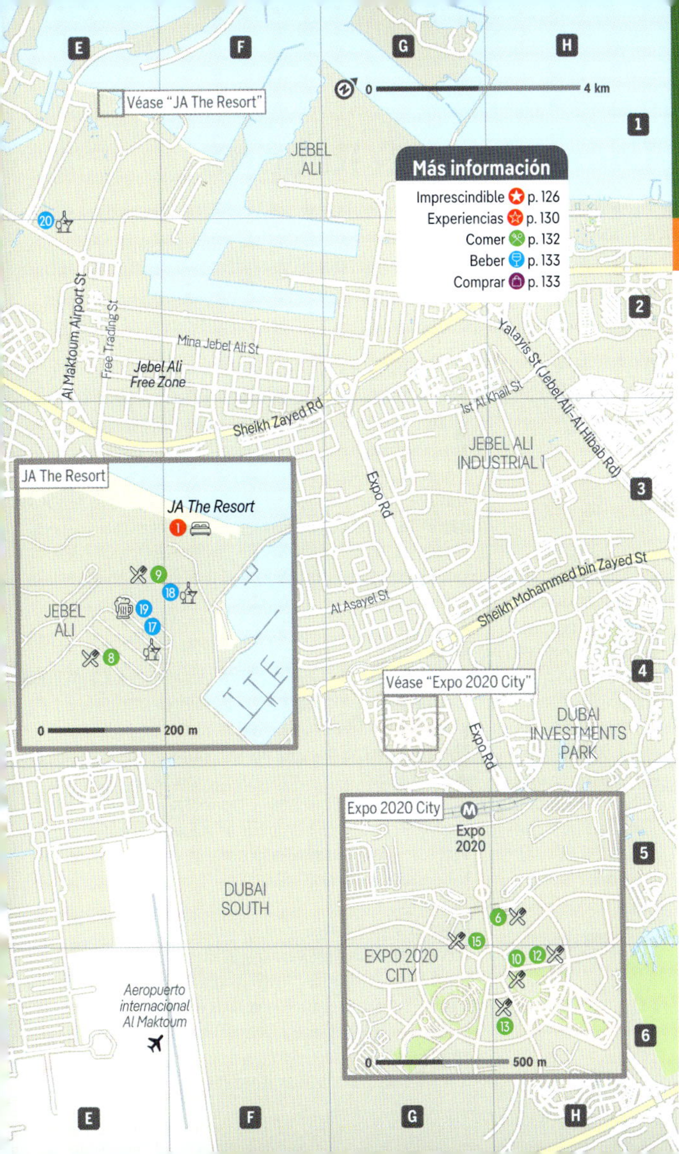

0 — 4 km

Véase "JA The Resort"

Más información

Imprescindible	★	p. 126
Experiencias	✦	p. 130
Comer	✖	p. 132
Beber	♦	p. 133
Comprar	🛍	p. 133

JEBEL ALI

Al Maktoum Airport St

Free Trading St

Mina Jebel Ali St

Jebel Ali Free Zone

Sheikh Zayed Rd

Ya'layis St (Jebel Ali-Al Hibab Rd)

1st Al Khail St

JEBEL ALI INDUSTRIAL 1

Expo Rd

Sheikh Mohammed bin Zayed St

Al Asayel St

JA The Resort

JA The Resort

① 🛏

✖ ⑨
⑱
🍺 ⑲
⑰

JEBEL ALI

✖ ⑧

0 — 200 m

Véase "Expo 2020 City"

DUBAI INVESTMENTS PARK

Expo Rd

DUBAI SOUTH

Expo 2020 City

Expo 2020 City Ⓜ Expo 2020

⑥ ✖

✖ ⑮

⑩ ⑫ ✖

✖

⑬

EXPO 2020 CITY

0 — 500 m

Aeropuerto internacional Al Maktoum ✈

⭐ **IMPRESCINDIBLE**

Dubai Parks & Resorts

En las afueras de la ciudad, cerca de la frontera con Abu Dabi, Dubai Parks & Resorts es un barrio construido para el ocio. Alberga Legoland Dubai y el cinematográfico Motiongate, y hace poco ha incorporado a su gama de atracciones el parque Real Madrid World, el primer parque temático dedicado al fútbol.

PLANO: P. 124 **B3**

CONSEJO

Consultar las tarifas de los hoteles, porque a menudo incluyen el acceso a los parques. Esto a veces sale más a cuenta que alojarse en otra parte y comprar entradas, sobre todo si se viaja con niños.

Escanea este código QR para precios, horarios y demás.

En la linde de la ciudad

Si se circula por Sheikh Zayed Rd en dirección a Abu Dabi, se llega a una salida adornada con un colorido arco. Es la carretera que conduce al paraíso del ocio, Dubai Parks & Resorts. Allí, los fans del cine pueden visitar **Motiongate** (PLANO: P. 124 **A3**; en la foto), cuyas atracciones se centran en tres de los grandes estudios de Hollywood. También cuenta con la montaña rusa individual más rápida del mundo.

Legoland

Los amantes de Lego no deben perderse **Legoland Dubai** (PLANO: P. 124 **A3**), con más de 40 originales atracciones inspiradas en las famosas piezas de colores. Dragon's Apprentice, por ejemplo, es ideal como primera experiencia en una montaña rusa para los más pequeños, y también destaca el Duplo Express. Después se puede ir a **Legoland Water Park** (PLANO: P. 124 **A3**), al lado, para refrescarse en sus toboganes y atracciones.

Comer y pasear

Riverland Dubai (PLANO: P. 124 **B4**) es la zona de restaurantes y tiendas junto al mar, un sitio donde comer y pasear a pie o en barco por varias zonas, incluidas India Gate y French Village. También cuenta con Neon Galaxy, un área de juegos cubierta interactiva para niños y adolescentes.

BONDART PHOTOGRAPHY/SHUTTERSTOCK ©

Quedarse a dormir

Si un día no basta, se puede pasar la noche en uno de los dos hoteles del distrito. **Lapita** (PLANO: P. 124 **B4**) es un cuatro estrellas de inspiración polinesia, con dos piscinas, un riachuelo y un *spa* relajante. Si se viaja con niños, el primer hotel Lego de Oriente Medio, **Legoland Hotel Dubai** (PLANO: P. 124 **B4**), también está aquí, con 250 habitaciones inspiradas en las piezas Lego.

Para los fans del fútbol

Diseñado para los más devotos, **Real Madrid World** (PLANO: P. 124 **B4**) es el primer parque temático dedicado al fútbol, con más de 40 atracciones, experiencias, juegos y exposiciones inspiradas en los grandes éxitos deportivos vikingos.

UNA PAUSA
Keg (PLANO: P. 124 **B4**) es un bar irlandés de Riverland Dubai que sirve buena comida y es un buen sitio para huir del calor del mediodía.

Descubrir Expo City Dubai

Expo City Dubai, la cuidada remodelación del recinto de Expo 2020 Dubai, conserva varias de sus atracciones comerciales, incluido el pabellón de los EAU, inspirado en un halcón, y la fascinante instalación Surreal. Es ideal para dar un paseo a pie (o en bici) y tiene cafeterías, bares y bonitas zonas verdes.

INICIO	FINAL	DURACIÓN
Expo 2020 Metro Station	Rove Expo City	1,5 km; 1 h

EXPLORA

SUR DE DUBÁI

1 Hacia el sur

Desde la estación de metro Expo 2020, ir hacia el sureste en dirección al gran pabellón de exposiciones y tomar la avenida Al Wasl. Seguir recto, pasar por Rove Expo City y llegar a la **cúpula Al Wasl.** Esta enorme cúpula, construida como el centro de Expo 2020 Dubai, mide 67,5 m de altura y alberga la pantalla de proyección de 360 grados más grande del mundo.

2 Un café a la sombra

Bajo la cúpula, un pabellón verde alberga el **Al Wasl Cafe,** ideal para sentarse y tomar algo rodeado de vegetación.

3 Arquitectura impresionante

Tras la pausa en el café, se puede ir al **pabellón de Emiratos Árabes Unidos,** inspirado en un halcón, un colosal edificio blanco con un techo que parece hecho de plumas. Está al noreste de la plaza donde se halla la cúpula Al Wasl. El pabellón solo abre si hay eventos y exposiciones, pero su arquitectura y sus fuentes se pueden admirar desde fuera.

4 Las vistas

Desde aquí, bajar por Sidr Ave durante unos 8 min hasta llegar al **Terra Pavilion,** dedicado a la naturaleza. Con un edificio ovalado de 130 m de ancho en su centro, el Terra cuenta con unos paneles solares circulares llamados Energy Trees a su alrededor. Desde el tejado hay vistas increíbles de la ciudad.

5 La experiencia Surreal

Regresar a la cúpula Al Wasl, pero, antes de llegar, torcer a la izquierda por Ghaf Ave y seguir hacia **Surreal,** una visita imprescindible. En esta atracción circular de inspiración artística hay que descalzarse y meterse en el agua, y las cascadas que la rodean parecerán caer hacia arriba. Hay melodías en el aire y, al anochecer, se encienden llamas digitales (ojo: en verano no hay espectáculo). En el exterior de la instalación está **Jubilee Park,** perfecto para que los niños correteen.

6 Vistas desde las alturas

Un poco más abajo en Ghaf Ave, la torre de observación **Garden in the Sky** se eleva 55 m y ofrece vistas épicas de Dubái.

7 Tomar algo

De vuelta al metro, pasando por la cúpula Al Wasl, merece la pena pasar por **Rove Expo City** a tomar cerveza artesanal o un creativo cóctel.

EXPERIENCIAS

Disfrutar del ambiente de playa en JA The Resort   RESORT

PLANO: ❶ P. 124 **F3**

La ruta hasta **JA The Resort** no es la más bonita de Dubái, ya que el hotel queda más allá de la zona industrial de la ciudad, pero merece la pena llegar a este enclave costero. Inaugurado en 1981, es uno de los resorts más veteranos de la ciudad y también el "resort de experiencias" más grande de Dubái. El recinto lo forman tres hoteles: el original JA Beach Hotel, el JA Palm Tree Court y el reciente hotel JA Lake View. Los huéspedes de cada hotel tienen acceso a todas las instalaciones del resort, incluida una amplia playa privada, siete piscinas, 25 restaurantes, un campo de golf de nueve hoyos, establos de equitación, un *spa* y otras comodidades. Aunque uno no se aloje en el hotel, puede ir a comer a sus restaurantes, usar el *spa,* comprar una entrada de un día para la playa y las piscinas, o pagar por actividades concretas,

como el golf y el *squash*. Es posible montarse en un carrito de golf gratis para dar una vuelta y ver los pavos reales del resort.

Al Qudra: pícnic, bici o paseo   NATURALEZA

El **lago Al Qudra** (PLANO: ❷ P. 124 **D6**), que forma parte de la Reserva del Desierto de Al Marmoom, es un enorme lago artificial salpicado de pequeñas islas que funciona como hábitat de las múltiples especies de aves que aquí anidan. Los árboles y los arbustos ofrecen alimento a aves e insectos, aunque apenas hay sombra para los humanos. La zona alrededor del lago es impecable y perfecta para un pícnic o un paseo con la puesta del sol. Las personas más activas pueden alquilar una bici y pedalear por la vía ciclista de Al Qudra, una ruta de 86 km que pasa por el desierto –y a veces se ven algunos de los animales autóctonos más grandes de la región, como la gacela, el zorro del desierto o incluso el raro órice de Arabia

UNA EXPOSICIÓN UNIVERSAL ROMPEDORA

Activa desde el 1 de octubre del 2022, **Expo City Dubai** (p. 128) es una miniciudad futurista de Expo 2020 Dubai, la primera Exposición Universal celebrada en Oriente Medio, África y Asia meridional. Es posible disfrutar de muchas de las ofertas de ocio de la Exposición y los principales pabellones temáticos siguen en pie. Alif –el pabellón de la movilidad– y Terra –el de la sostenibilidad– son hoy experiencias educativas interactivas, mientras que el pabellón de la oportunidad es hoy el Museo Expo 2020 Dubai. Expo City se compromete a abordar temas globales y a dar voz a las personas, sobre todo a los jóvenes.

(solo quedan 1200 ejemplares de este antílope en Oriente Medio, su supervivencia se debe, principalmente, al trabajo de conservación de los EAU y de Arabia Saudí). A pocos minutos del lago Al Qudra está **Love Lake** (PLANO: ❸ P.124 **D6**), que tiene forma de dos corazones entrelazados y es un escenario perfecto para hacerse una foto con un ser querido.

La naturaleza de la Reserva del Desierto de Al Marmoom   NATURALEZA

PLANO: ❹ P.124 **C5**

Cambiar el paisaje urbano por el paisaje natural de la **Reserva del Desierto de Al Marmoom,** en las afueras de la ciudad, que comprende el 10% del territorio de Dubái y es el parque natural abierto más grande del país. Para disfrutar del encanto de este amplio espacio natural es buena idea reservar la Al Marmoom Bedouin Experience con OceanAir Travels. El operador recoge al cliente en su hotel y lo traslada a las zonas menos visitadas del parque para descubrir su flora y su fauna, incluidos los *ghafs* (el árbol nacional de los EAU), halcones, ciervos, órices y gacelas. Se visita una aldea beduina y se conoce el desierto tras los pasos de las tribus tradicionales de la región. En una **caravana de camellos** sobre las dunas, los guías explican la gran importancia que estos "barcos del

desierto" tienen en su cultura. Tras el paseo, se disfruta de un café árabe con dátiles de vuelta en la aldea; así es como empieza el día las tribus beduinas desde tiempos inmemoriales.

Noches árabes en Bab Al Shams   RESORT

PLANO: ❺ P.124 **C5**

En la zona de Al Qudra de Dubái, **Bab Al Shams** es el resort del desierto más antiguo de la ciudad, y recientemente ha sido objeto de una completa reforma, Tras casi 20 años en activo, el resort se relanzó con nueva energía a principios del 2023. Es un sitio estupendo para una escapada en familia, rodeados del agreste paisaje del desierto. Las habitaciones y suites están inspiradas en la tradición beduina y tienen amplias terrazas con vistas a las dunas. Hay una piscina infinita muy fotogénica y la oferta de actividades incluye espectáculos de halcones, paseos en camello y safaris. Aunque no se pase la noche allí, es buena idea visitar el resort para tomar una copa o disfrutar del fantástico Al Hadheerah, una cena-espectáculo de temática árabe. Una noche de teatro al aire libre y entretenimiento en directo con caballos, fuego y dunas del desierto, además de uno de los bufés más amplios de la ciudad, con una amplia selección de cocina de la región.

EXPLORA

SUR DE DUBÁI

Lo mejor para...

$ Económico $$ Medio $$$ Alto

Localizaciones en el plano de la **p. 124**

Comer

Cafeterías

Q Coffee $
6 H5

Cafés suaves y bocados ligeros en un local de inspiración ruandesa que celebra la cultura de su país. *8.00-24.00*

Cenas

Kalea Restaurant $$
7 B4

Cocina polinesia todo el día, noches temáticas los viernes y música en directo los domingos con un bufé local. *18.30-23.00*

Hikina $$
véase **7** B4

Un servicio amable, una carta asiática y platos muy bien presentados son la gran baza de este restaurante del hotel Lapita, en Dubai Parks & Resorts. *18.30-23.00*

Zala $$
véase **5** C5

Muy bien decorado, este local de temática mediterránea del resort Bab Al

Shams cuenta con varios comedores y un excelente bufé, además de sabrosa carta. *7.00-22.30*

Kinara $$$
8 E4

Regentado por el famoso chef Vikas Khanna, este restaurante indio cuenta con un expositor de especias donde se aprenden cosas sobre los ingredientes usados en los platos. *18.30-23.00*

Taperia $$
9 E3

Rica cocina española, buena sangría, actuaciones de flamenco y un servicio excelente. En el interior del JA Resort. *18.30-23.00*

Sabor de Arabia

Al Fanar Cafe & Restaurant $$
10 H6

En Expo City Dubai, este rústico local sirve auténtica cocina emiratí y tiene una carta con platos de influencias indias y persas. *17.00-24.00*

Al Mashowa $$
11 B4

Sirve platos generosos de comida emiratí y es el sitio

ideal para recargar pilas tras un día de actividad en los parques temáticos de Dubai Parks & Resorts. *13.00-21.00, hasta 22.00 ju y vi*

Almuerzos

Ecco Pizza & Pasta $$
12 H6

Frente al pabellón de EAU en Expo City Dubai, sirve auténticos platos italianos recién hechos. Las raciones son generosas. *11.00-21.00*

Reform Social & Grill $$
13 H6

Este restaurante es uno de los favoritos de la ciudad y ha abierto un local en Expo City. Cocina británica clásica. *12.00-21.00*

Caesar's Pizza & Pasta $$
14 B4

Ideal para ir en familia. Está en el Legoland Hotel y ofrece un sinfín de platos de pasta y *pizzas*, además de una barra de ensaladas. *10.00-19.00*

Daily $$
15 G5

Ofrece comidas todo el día en Rove at the Park y

cuenta con un excelente bufé de desayuno y una carta muy sabrosa. Precios razonables. *6.30-23.00*

Pit Stops

Last Exit ❺

 B1

Hamburguesas, tacos, café, pollo frito y otros platos de inspiración estadounidense en una gastroneta de Sheikh Zayed Rd. *24 h*

Beber

Azoteas con vistas

Bibé Rooftop

⓱ E4

Este bar solo para adultos en la azotea del Lake View Hotel es perfecto para tomar algo viendo la puesta de sol. Un saxofonista pone música al ocaso. *17.00-1.00*

Anwa Sunset Lounge

véase ❺ C5

De estilo asiático y con vistas a las sinuosas dunas, este local sirve tentempiés y cócteles bajo las estrellas. *16.00-1.00*

Cocteles con y sin

Lobby Lounge

véase ❺ C5

Es uno de los primeros bares sin alcohol de la ciudad y sirve deliciosos brebajes que no lo echan

de menos. Ocupa un espacio fantástico en Bab Al Shams Desert Resort. *9.00-23.00*

Vasco Da Gama

⓲ F4

En el vestíbulo del JA Beach Hotel, es el sitio ideal para los amantes de los cócteles. Bebidas creativas y personal amable. A partir de las 21.00 el acceso es para mayores de 21 años. *16.00-24.00*

'Pubs'

RePUBlik

⓳ E4

*Ga*stropub del JA Lake View Hotel con una selección de cerveza artesanal y una terraza con vistas al campo de golf. *11.00-24.00*

Smokin' Gun

⓴ E2

Junto al club de tiro JA Shooting Club, es un local agradable para comer una hamburguesa, tomar una cerveza o un batido, tanto si se ha disparado como si no. *14.00-23.00*

Comprar

Ropa de marca con descuento

Dubai Outlet Village

㉑ B4

Inspirado en la localidad italiana de San Gimig-

nano, en la Toscana, este apacible centro comercial se define como el primer outlet de grandes marcas. *10.00-23.00*

Sacoor Brothers Outlet

véase ㉑ B4

Marca portuguesa que combina moda clásica y contemporánea, conocida sobre todo por su moda masculina. Tiene tienda en Dubai Outlet Village. *10.00-22.00*

Deal

véase ㉑ B4

Grandes marcas a precios reducidos en esta amplia tienda del Dubai Outlet Village. *10.00-22.00*

Algo dulce

Candy Hearts

véase ㉑ B4

Para que los niños se aprovisionen de chocolatinas, piruletas y golosinas. En el Dubai Outlet Village. *10.00-22.00 lu-ju, hasta 24.00 vi-do*

Godiva Cafe

véase ㉑ B4

Deliciosos bombones belgas y buen café son la clave de este local del Outlet Village. Destacan las fresas al chocolate. *10.00-22.00*

★ IMPRESCINDIBLE

Ir de 'brunch'

El *brunch* de los sábados es una tradición de la vida social dubaití. Todos los hoteles-restaurantes de la ciudad ofrecen bufé libre, con la opción de incluir barra libre de vino o champán. A continuación, una lista de los mejores. Imprescindible reservar.

UN CONSEJO
Conviene reservar el *brunch* del sábado con una semana de antelación; o más si se opta por uno de los más famosos de la ciudad.

Bufé sin fin

Un delicioso despliegue aguarda al comensal en el *brunch* del hotel **Al Qasr** (PLANO: P. 78 **A4**): hamburgesas *wagyu* a la barbacoa y exquiniteces inspiradas en las cocinas de Bangkok, París y México. Hay música en directo. *Brunch* con alcohol desde 550 AED; 13.00-16.00 sa.

Solo adultos

Atlantis The Palm organiza algunos de los mejores *brunches* de la ciudad. El de **Saffron** (p. 119) es solo para adultos y cuenta con un bufé impresionante que incluye varias barras de bebida donde pedir sandía al vodka y chupitos. La comida es algo secundario, aquí manda el ambiente, pero aun así es de gran calidad. *Brunch* desde 495 AED; 13.00-16.00 sa.

Sabor mexicano

Una de las propuestas más asequibles y espléndidas es el pequeño gran *brunch* mexicano de **Muchachas:** fajitas, guacamole y tacos; y, de postre, churros y helado. *Brunch* desde 119 AED; 13.00-16.00 sa.

Indulgencia internacional

Bubbalicious (p. 119) es la maravilla culinaria del Westin Dubai. Hay de todo, desde ostras hasta tarta de queso, 10 puestos de cocina y entretenimiento

Escanea este código QR para reservar en Saffron.

ESHEREZ/SHUTTERSTOCK ©

para toda la familia, como un zoo de mascotas y una zona de juegos. *Brunch* con alcohol 550 AED; 13.00-16.00 sa.

Un festín italiano

Luigia, en JBR (p. 114), sirve platos clásicos italianos con abundante *pizza* y pasta, y su *brunch* es muy familiar. Los niños pueden ir al parque infantil mientras los adultos disfrutan del momento. *Brunch* con alcohol 220 AED; 13.00-16.00 sa.

Delicias carnívoras

Para los fans del churrasco, el *brunch* de **Toro Toro** es lo más parecido al paraíso. Cuenta con los platos más populares de la carta del restaurante y es una excelente opción para probar las creaciones culinarias del chef Richard Sandoval. *Brunch* desde 295 AED; 13.00-16.00 sa.

**ALTERNATIVA
AL 'BRUNCH'**
El circuito
en *abra* **Al
Qasr** ofrece
té, pastelitos
y tentadores
sándwiches
mientras se
navega por
los canales
de Madinat
Jumeirah.

★ **MERECE LA PENA**

Una visita a Hatta

A años luz de la frenética Dubái, Hatta se halla 130 km al sureste, al pie de las montañas Hajar. La región antaño formaba parte de Omán, pero el sultán omaní la cedió a Dubái hacia el año 1850 al verse incapaz de defenderla de las tribus buraimíes.

CONSEJO
Los autobuses H02 van desde Dubai Mall Bus Station hasta Hatta Bus Station. El autobús H04 de paradas libres de Hatta sale de Hatta Bus Station y para en Hatta Wadi Hub, Hatta Dam y Heritage Village.

Escanea este código QR para consultar las opciones de alojamiento en Hatta Wadi Hub.

Aventuras para todo el mundo

Con una temperatura algo más fresca todo el año, Hatta es una escapada muy popular entre los dubaitíes. Además de ser un centro de actividades al aire libre, alberga puntos de interés que incluyen áreas protegidas, fortalezas, mezquitas, un museo, un apiario y un centro de aventuras. La ciudad conserva gran parte de su apacible ritmo de vida omaní.

Desde **Hatta Wadi Hub** salen 2 km de senderos bien señalizados y 50 km de rutas ciclistas marcadas con colores, que serpentean por la reserva protegida del monte Hatta, habitada por fauna autóctona como el tar árabe, una especie amenazada, el leopardo de Arabia y el alimoche. Si se está atento al pasar por ramblas *(wadis)* y picos áridos, por huertos, lagos y granjas, quizá se aviste algún animal.

Hatta Wadi Hub ofrece un sinfín de aventuras, desde escalada en roca, tiro con arco y lanzamiento de hachas hasta toboganes, tirolinas y un tirachinas humano que casi alcanza los 100 km/h. Una ruta con redes y miradores, una pista de cuerdas, bolas zorb y trampolines harán las delicias de grandes y pequeños.

¡Al agua!

La **presa de Hatta** (en la foto), de aguas turquesas bajo picos escarpados, se construyó en la década de 1990 para proveer de agua a los residentes de la

KAS KIRA/SHUTTERSTOCK ©

zona. Es uno de los sitios más populares para hacer kayak en Dubái y es fácil pasar unas horas dándole al remo, sobre todo entre octubre y mayo, cuando hace buen tiempo. **Hatta Kayak** alquila kayaks, bicis acuáticas, pedalós y otros artilugios.

Retroceder en el tiempo

Para ver cómo era la vida hace casi 3000 años se puede ir al **Hatta Heritage Village,** una aldea reconstruida con casas de piedra, patios y un majlis. Hay un museo donde se muestran herramientas tradicionales, piezas de artesanía, ropajes y armas. El restaurado fuerte Hatta, de adobe y ladrillo, es de 1896 y tuvo funciones defensivas y residenciales. Dos atalayas circulares, de la década de 1880, brindan vistas de las verdes zonas agrícolas.

UNA PAUSA
Hatta Wild Cafe, en Hatta Wadi Hub y con un local en el vecino JA Hatta Fort Hotel, sirve muy buen café, zumos recién hechos y tentempiés.

Excursión a Abu Dabi

Abu Dabi, a tan solo 140 km de Dubái, es la capital de los EAU. Puede que no sea tan ostentosa como su vecina, pero tiene mucho por ofrecer, incluidos el primer Louvre fuera de Francia, la montaña rusa más veloz del mundo, una vertiginosa pista de Fórmula 1 y una bellísima mezquita.

CONSEJO
Con tantos puentes e islas, Abu Dabi no es fácil de recorrer. Un circuito de paradas libres en autobús con Big Bus Abu Dabi ayuda a orientarse.

Escanear este código QR para reservar visita a la Gran Mezquita Jeque Zayed.

El esplendor de la Gran Mezquita Jeque Zayed

La bellísima **Gran Mezquita Jeque Zayed** se alza como símbolo de paz, diversidad y tolerancia en la capital de los EAU. Majestuosa, entre jardines, es una de las pocas mezquitas de la región abiertas a los no musulmanes. La entrada es gratuita. Con capacidad para 50 000 personas, la mezquita fue idea del padre fundador de los EAU, el difunto jeque Zayed bin Sultán Al Nahayan. También es su última morada. La mezquita, que integra influencias tradicionales mamelucas, otomanas, andaluzas, moriscas y fatimíes con diseños modernos, es uno de los más grandes ejemplos de arquitectura islámica contemporánea que hay en el mundo. Sus 82 cúpulas de mármol –la mayor de las cuales corona la sala de oración principal– están adornadas con remates de mosaico de vidrio dorado, mientras que el suelo de mármol del patio (en la foto), de 17 400 m², está decorado con impresionantes diseños florales. Para entrar hay que llevar ropa holgada hasta los tobillos y las mujeres tienen que cubrirse el cabello y los brazos.

La Abu Dabi del pasado

Para saber cómo era la vida en Abu Dabi antes del petróleo se puede ir al casco antiguo, donde está la estructura de piedra más antigua del lugar, **Qasr Al Hosn.** De la década de 1760, es una atalaya que

BRUNOCOELHO/SHUTTERSTOCK ©

protegía el agua potable de la isla y que luego se convirtió en un fuerte. Después pasó a ser la residencia de la familia real Al Nahayan hasta 1966. El edificio es hoy un fascinante museo donde se puede ver a las trabajadoras tejer cestas de hojas de palmera y crear diseños de henna.

Aventura en los manglares

Defensa vital ante los efectos del cambio climático y hábitat de la fauna local, los manglares de las zonas costeras de Abu Dabi son muy densos. El emirato alberga unos 70 km² de ecosistemas de manglares. En los confines de la ciudad, el **Mangrove National Park** es un apacible bosque de 19 km² que sirve de refugio a dugongos, tortugas marinas, delfines y más de 60 especies de aves, incluidos flamencos y garzas. En el 2020, el **Jubail Mangrove Park** abrió sus puertas cerca de la isla de Saadiyat. Entre sus actividades destacan los

UNA PAUSA
Diablito, en Yas Marina, es un buen sitio para disfrutar de sabrosas tapas y rica sangría con vistas, por un lado, a los superyates; y, por el otro, al circuito de Fórmula 1.

PROLONGAR LA ESTANCIA
Con montañas, costas e islas, Abu Dabi es el emirato más grande de EAU, y tiene mucho por ofrecer. Se puede explorar el vasto desierto de **Rub Al-Jali** y sus dunas anaranjadas, e incluso darse un capricho y alojarse en el remoto **Anantara Qasr Al Sarab,** con un *spa* de lujo y una piscina que parece un oasis.

circuitos con guardabosques por las tres largas pasarelas de madera y la inmersiva y maravillosa ruta en kayak por el bosque.

Una pausa en el Emirates Palace
¿Qué tal un capuchino espolvoreado con oro? Puede saborearlo en Episodes Cafe, dentro del monumento más espectacular de Abu Dabi, el **Emirates Palace.** Este hotel y atracción turística luce grandes portales abovedados, rampas volantes hasta el vestíbulo, 114 cúpulas y una playa privada de 1,3 km. También cuenta con 1002 arañas de luces, puerto deportivo privado y 392 habitaciones y suites de lujo, más un auditorio que acoge eventos culturales.

La Corniche
La **playa de la Corniche,** de 8 km, tiene bonitos parques, un paseo y una vía ciclista. Uno de los tramos de arena más apacibles de la Corniche es Abu Dabi Beach, frente al Family Park; es ideal para tomar el sol. Quien prefiera más movimiento, tiene vuelos en parapente y atracciones acuáticas en Abu Dabi Parasail, en la playa. Cerca de allí, **Flatout Specialty Coffee** sirve deliciosos cafés con leche y hielo.

El Louvre Abu Dabi
En el impresionante **Louvre Abu Dabi,** obra de Jean Nouvel, el sol se filtra por una enorme cúpula para iluminar 23 salas que albergan 600 obras de arte de un valor incalculable y que ilustran la humanidad compartida a lo largo de la historia a través del tiempo, la etnicidad y la geografía. Destacan una pintura de Leonardo da Vinci, un buda chino y un bronce de Benín. Si se viaja con niños, hay un fantástico museo infantil. Después, en la misma isla de Saadiyat, se puede ir a la vecina **Mamsha,** cuyas aguas turquesas y arenas doradas

están presididas por un paseo marítimo lleno de tentadores cafés, bares y restaurantes. Destacan la cocina jamaicana de **Ting Irie** y los asombrosos batidos de **Black Tap.**

Acción en la isla de Yas

La isla de Yas acoge el evento de Fórmula 1 cada invierno y alberga un montón de parques temáticos, como **Ferrari World** (en la foto) –con la montaña rusa más veloz del mundo– **Yas Waterworld** y **Warner Bros World Abu Dabi.** También merece la pena visitar **Yas Bay,** con restaurantes junto al mar, bares animados y el **Etihad Arena,** con una completa programación de conciertos, monólogos de humor, actuaciones y obras de teatro.

AL AIN
Si hay tiempo, otra buena idea es visitar Al Ain. Sus fortalezas, oasis de palmeras y tumbas antiguas tienen un ambiente muy diferente del de la ciudad.

MARCOBRIVIO.PHOTOGRAPHY/SHUTTERSTOCK ©

Guía práctica

Viajar en familia................................144

Alojamiento.......................................145

Comida, bebida y fiesta.................146

Salud y seguridad.........................148

Turismo responsable.....................150

Accesibilidad..................................152

Lo esencial.....................................153

Idioma..154

Índice...156

Té de la tarde, Dubái.
MIA.OLEVSKI/SHUTTERSTOCK ©

Viajar en familia

Dubái es una gran atracción para mayores y pequeños, con una amplia oferta familiar: desde parques temáticos hasta aventuras acuáticas. Muy apto para los niños y muy seguro, es un destino al que es fácil viajar con niños.

Ahorrar dinero

Verano es la estación del ahorro familiar en Dubái. Muchos hoteles ofrecen cama gratis a los niños, y también comida gratis si van acompañados de adultos. Los niños entran gratis también en atracciones como Dubai Parks & Resorts y el mirador At the Top del Burj Khalifa si van acompañados de un adulto.

Salir a comer fuera

Casi todas las cafeterías y restaurantes tienen menú infantil o platos para niños; en caso contrario, adaptan los platos de la carta: retiran algún ingrediente o reducen las raciones. Los niños son bienvenidos en casi todos los restaurantes, con y sin licencia de alcohol, y suele haber tronas.

Hoteles con diversión incluida

En los hoteles de lujo suele haber club infantil con piscina y parque. **Atlantis The Palm** (p. 110) ofrece entrada ilimitada a Aquaventure Waterpark, y las tarifas del Jumeirah Beach Hotel, el hotel **Burj Al Arab** (p. 82) y los hoteles de **Madinat Jumeirah** (p. 80) incluyen la entrada al **Wild Wadi Waterpark** (p. 86).

Camellos

A los niños les encantará la Camel Farm, en las afueras: paseos en camello, darles de comer, visitas a la granja y abrazar camellos.

Transporte público

Los menores de 5 años viajan gratis en autobuses y tranvías.

Bebés

Amamantar bebés en público se acepta si la mujer se tapa. Muchos centros comerciales tienen salas para amamantar. En los restaurantes y cafeterías calientan biberones, y en los aseos públicos suele haber cambiadores.

BENNY MARTY/SHUTTERSTOCK ©

Alojamiento

Dubái cuenta con más de 120 000 habitaciones para el turismo: suites subacuáticas, mansiones antiguas y algunos de los hoteles más refinados del mundo.

Si te gusta...

 **Arquitectura y acción**
Downtown Dubai (p. 91) Alberga el hermoso Museo del Futuro y la mayor concentración de rascacielos, incluido el Burj Khalifa. Cenas selectas, hoteles de lujo... y mucha gente.

CUÁNTO CUESTA

Hotel de lujo
desde 1000 AED

Hotel patrimonial
400 AED

Hotel económico
250 AED

 Museos e historia
Bur Dubai (p. 49) Barrio histórico con edificios restaurados y enclaves culturales. A elegir entre hoteles patrimoniales, hoteles-*boutique* y apartamentos asequibles.

I M P R E S C I N D I B L E

★

Nos encanta...
Dubai Marina (p. 107)

A lo largo de un canal de 3 km de largo flanqueado por altísimos edificios, Dubai Marina ofrece alojamiento junto al agua, vistas de los yates y un paseo fluvial con cafeterías, restaurantes y bares ideal para pasear al atardecer. Desplazarse es sencillo: se puede ir a pie a la playa y al metro.

 Color, caos y habitaciones baratas
Deira (p. 35) Carismático y abarrotado, con zocos alegres y vistas a la ría. Hoteles más asequibles.

 La playa
Jumeirah (p. 63)
El barrio costero original de Dubái, de ambiente playero. Hoteles de lujo, mansiones frente al mar, hoteles-*boutique*, cafeterías, galerías y restaurantes. El transporte público es limitado.

 Lujo y superyates
Palm Jumeirah (p. 107)
Esta isla artificial alberga la mayor concentración de hoteles de cinco estrellas. Conviene evitar alojarse aquí si hay grandes eventos, porque el tráfico es atroz.

Comida, bebida y fiesta

Alergias e intolerancias

En los restaurantes hay que informar de alergias e intolerancias alimentarias, porque no todas las cartas tienen lista de alérgenos. Los locales selectos ofrecen alternativas; los más sencillos se limitan a indicar los platos más adecuados para el comensal.

CÓMO SE DICE

Soy alérgico/a a ...	*'an*·dee ha·saa·*see*·ya li ...
los lácteos	il·al·*baan*
el gluten	gloo·teen
los frutos secos	mu·kas·ar·aat
el marisco	i·*sa*·mak wa al·ma·haa·*raat*

MODALES EN LA MESA

Cuidar las formas
La conducta antisocial, como el lenguaje soez o la ebriedad, constituye una infracción.
Fumar Solo se puede fumar cigarrillos, puros y *shisha* en zonas designadas de restaurantes, *pubs*, bares y locales nocturnos.

COMER SIN CUBIERTOS

En Dubái hay culturas que tradicionalmente comen con las manos, y muchos sitios donde comer sin cubiertos, pero hay que recordar que se come solo con la mano derecha.

Café árabe

Tradicionalmente, los beduinos preparaban el café en una hoguera en la arena. Servir café es un símbolo de hospitalidad y muchos hoteles ofrecen una taza a sus huéspedes nada más llegar: se acepta con la mano derecha. Si no se quiere repetir, se agita un poco la taza.

Cómo pagar la cuenta

Hay que llamar la atención del camarero para pedir la cuenta. En todos los locales hablan inglés, pero, para probar con el árabe, se pide la *fatura* (cuenta). **Dividir la cuenta** En casi todas partes se acepta el pago con varias tarjetas. Si se come con lugareños, estos intentarán pagarlo todo. Se puede protestar educadamente, pero hay que aceptarlo con amabilidad.
Propinas Los turistas hacen como en su país: hay quien no da propina y quien da entre el 5% y el 25%. Los lugareños la dan si el servicio no va incluido en la cuenta.

PRECIOS

Los precios siguientes indican lo que cuesta un plato principal estándar.
$ menos de 70 AED
$$ 70-150 AED
$$$ más de 150 AED

HORARIOS

Cafés 8.00-20.00
Zonas de restauración 10.00-22.00
Restaurantes 12.00-24.00 o 18.00-24.00; algunos cierran de 15.00 a 18.00

Salir

El panorama nocturno de Dubái es intenso, con bares de azotea, locales nocturnos, *pubs* acogedores y bares de playa. ¡El problema es decidir adónde ir!

Para vivir una gran noche de fiesta, ir en taxi a Dubai Marina, al White Beach Club (p. 111), que ofrece fiesta hasta tarde con DJ. Otra gran opción en Media City es el local libanés BO18, que el fin de semana abre hasta las 4.00.

Etiqueta En algunos locales no se puede entrar en pantalón corto o deportivas. Las parejas y las mujeres solas lo tienen más fácil que los hombres solos para entrar en los locales nocturnos.

'Brunch' El *brunch* del sábado en Dubái (p. 134) es uno de los grandes eventos de la semana, casi como comer fuera en Occidente. Se celebra en hoteles de toda la ciudad, empieza a la hora del almuerzo e incluye barra libre de bebida, grandes bufés de comida, platos a la carta, conciertos y mucha fiesta.

YUTTHANA KUNSUB/SHUTTERSTOCK ©

CUÁNTO CUESTA...

Café
30 AED

Copa de vino
40-200 AED

Una pinta de cerveza
40-70 AED

'Shawarma'
30 AED

Comer en un 'pub'
150-250 AED

'Brunch' con todo incluido
250-800 AED

Cena en un restaurante con estrella Michelin
600-2000 AED

Helado
25-50 AED

Salud y seguridad

Dubái es una de las ciudades más seguras del mundo, pero conviene tener en cuenta un par de cosas antes de viajar.

ACCIDENTES DE CARRETERA

Los accidentes son frecuentes en los EAU. Entre las causas están conducir pegado al vehículo de delante, la conducción temeraria y el exceso de velocidad. Si llueve o ha llovido, mejor no conducir: las carreteras resbalan y los conductores pierden la paciencia.

Golpe de calor

El calor es uno de los mayores peligros de Dubái, sobre todo de mayo a septiembre, cuando se llega a los 50°C y la humedad supera el 90%. En verano, la mayoría de las actividades se trasladan a sitios cerrados con aire acondicionado y no es recomendable comer al fresco. Si apetece salir al aire libre, lo mejor es hacerlo a primera hora de la mañana, cuando la temperatura es más soportable, usar protección solar, buscar la sombra y beber mucha agua.

Drogas

Todas las drogas son ilegales. Los infractores se enfrentan a penas durísimas.

Medicinas

Se necesita receta para todas las medicinas que entren en el país, y es buena idea contar con una carta del médico que describa la medicación del paciente. Algunas medicinas se consideran drogas y requieren la aprobación previa del Ministerio de Salud de los EAU. Consúltese en la embajada local de los EAU.

Alcohol

El alcohol es legal en Dubái para no musulmanes mayores de 21 años; puede consumirse en bares, *pubs* y restaurantes o comprarlo en tiendas autorizadas, pero estar ebrio en público puede ocasionar problemas. Hay licencias de consumo de alcohol para los visitantes que quieran comprarlo en las licorerías.

A TENER EN CUENTA

Mosquitos

La peor época es de marzo a mayo. Usar repelente.

Privacidad

Nunca hay que retratar a nadie sin su permiso.

Malos modales

El lenguaje y los gestos soeces son delito y conllevan penas de cárcel.

SEGURIDAD EN AGUAS DUBAITÍES

Las playas de Dubái son muy seguras, casi todas tienen socorrista del alba a la puesta de sol, pero hay varias precauciones a seguir, sobre todo si llueve, hace mucho viento o hay tormenta de arena. Antes de entrar en el agua hay que fijarse en el color de la bandera: el rojo significa que no es seguro bañarse; el amarillo, que hay que hacerlo con precaución, y el morado indica presencia de medusas, algunas de las cuales pueden ser peligrosas. No es recomendable nadar de noche, pero quien quiera darse un chapuzón nocturno puede hacerlo en las playas 24 h de Jumeirah 2, Jumeirah 3 y Umm Suqeim 1.

CONDUCIR POR EL DESIERTO

Hay que ir en convoy para contar con un vehículo de remolque en caso atranque, y llevar pala, cuerda resistente, frontales y mucha agua.

EN RESUMEN

Al aire libre Para ir de excursión, llevar mucha agua, protector solar y tocado.

Al anochecer Al ponerse el sol baja mucho la temperatura. Conviene llevar varias capas de ropa si se exploran las dunas.

Webs bloqueadas WhatsApp y Facebook están prohibidas, y las VPN para saltarse está prohibición están prohibidas.

Comunidad LGTBIQ+

La homosexualidad es delito en los EAU. Las penas incluyen multas, cárcel y deportación. Besarse y acariciarse en público es ilegal para todo el mundo.

🛏 Hoteles

Las parejas del mismo sexo que compartan habitación en los EAU se consideran 'amigos'. Nadie lo comprobará, pero se da por hecho que duermen en camas separadas.

☀ Recursos

Las restricciones gubernamentales complican la labor oficial de las ONG que trabajan para la comunidad LGTBIQ+ en los EAU. Si se necesita ayuda, contáctese con la embajada del país de origen.

https://nomadicboys.com/?s=dubai

Los blogueros Stefan y Sebastien de Nomadic Boys tienen artículos útiles sobre la vida gay en los EAU.

Turismo responsable

Consejos para minimizar la huella turística, apoyar lo local y tener un impacto positivo en las comunidades.

Pensar en verde

El programa internacional **Green Ramadan** anima a empresas e individuos a consumir de forma sostenible alimentos y otros recursos durante el Ramadán. Los hoteles de los EAU adheridos a este programa compostan los residuos tras el *iftar* (la cena nocturna que rompe el ayuno) y donan las sobras a bancos de alimentos.

La iniciativa **Dubai Can,** activa todo el año, anima a la gente a usar botellas de agua reutilizables. Las fuentes de recarga repartidos por toda la ciudad contribuyen a esta iniciativa.

IMPRESCINDIBLE

La ecoaventura

En una ecoaventura de **Sand Sherpa** por la reserva del desierto de Dubái, un experto en conservación explica la flora y la fauna del lugar. Cada visitante aporta una donación a la reserva.

Comida local

Se puede probar en los puestos del casco antiguo de Dubái con el circuito gastronómico de **Frying Pan Adventures** (p. 59), dirigido por residentes dubaitíes.

Un circuito cultural

Un guía local del **Centro para el Entendimiento Cultural Jeque Mohammed** (p. 56) conduce al visitante por las estrechas calles del barrio histórico de Al Fahidi. Se visita una mezquita local, algunos zocos de la ciudad y se termina con un paseo en *abra* (taxi acuático) por la ría de Dubái.

Recursos

• **visitdubai.com/es/articles/going-green-in-dubai** Información sobre la iniciativa de recarga de botellas de agua • **sandsherpa.com** Ecosafaris por el desierto de Dubái. • **cultures.ae** Centro Cultural Jeque Mohammed.

RESTAURANTES SOSTENIBLES

Los restaurantes sostenibles están de moda en Dubái. **Boca** (p. 104) ofrece cocina sostenible y cócteles con cero residuos, **Sanderson's** (p. 120) cocina con ingredientes de cultivo local y **Seva** (p. 74) sirve rica cocina vegetariana.

Segunda mano

Dubái es famoso como destino de compras de lujo, pero también ofrece gangas de segunda mano. **Garderobe,** en Umm Suqeim, es un buen sitio para comprar ropa de diseño a precios más económicos. El almacén de dos plantas **Retold,** en Al Quoz, tiene marcas conocidas y de lujo. En **Thrift for Good,** en la Galleria Mall, hay ropa y accesorios de segunda mano, y todos los beneficios van al proyecto caritativo local Gulf for Good. **La Brocante,** en Al Quoz, es una cueva del tesoro de menaje de segunda mano.

TRANSPORTE VERDE

Para desplazarse sin aumentar la huella de carbono es buena idea descargarse la *app* **Careem Bike,** que permite alquilar y devolver una de sus bicis (de color verde chillón) en cualquier estación de bicis de Dubái.

El cambio climático y los viajes

Es imposible ignorar el impacto de nuestros viajes y la importancia de hacer cambios. Lonely Planet anima a todos los viajeros a involucrarse en su huella de carbono. Muchas webs de líneas aéreas y sitios de reservas ofrecen la opción de compensar el impacto de los gases de efecto invernadero realizando donaciones para iniciativas respetuosas con el clima en todo el mundo.

Accesibilidad

Transporte público

El metro tiene ascensores, puertas amplias y pavimento podotáctil, así como espacios para sillas de ruedas en cada vagón. En los andenes, alertas audibles y luces parpadeantes son de ayuda en caso de discapacidad visual o auditiva. En los autobuses hay rampas plegables y espacio para sillas de ruedas. También hay taxis con rampa para sillas.

Silla de ruedas

Los centros comerciales suelen tener rampas en las entradas y salidas; así como ascensores. Los restaurantes y bares más nuevos suelen estar adaptados. En las partes más antiguas de la ciudad, la accesibilidad es un reto: conviene informarse bien antes.

Alojamiento

La mayoría de los hoteles de alta gama ofrecen habitaciones con puertas más anchas, espaciosas y con baño adaptado. H Hotel y Jumeirah Creekside Hotel están certificados como respetuosos con el autismo.

IMPRESCINDIBLE

★

Son varias las playas con rampa para silla de ruedas, y algunas ofrecen sillas de alquiler. **Kite Beach** tiene lavabos accesibles y una pasarela de goma sobre la arena que facilita el acceso a sillas de ruedas y escúteres de movilidad. **Jumeirah Beach 2** tiene tres pasarelas hasta una enorme plataforma marina en el mar y **Al Mamzar Beach Park,** que linda con Sharjah, también tiene pasarelas aptas para silla de ruedas.

EN EL AEROPUERTO

El aeropuerto de Dubái ofrece zonas accesibles para el check-in, sillas de ruedas, escúteres de movilidad y mostradores de inmigración rápidos para viajeros con necesidades especiales. Las personas con discapacidad visual o auditiva pueden solicitar un guía.

– MUJERES VIAJERAS Y VIAJEROS QUE VAN SOLOS –

Viajar solo, aun siendo mujer, no es un problema. Es seguro para mujeres tomar taxis, alojarse solas en un hotel y pasear por la ciudad, de día y de noche.

Recursos

• **visitdubai.com/es/articles/accessibility-guide -dubai** Dubái ofrece información detallada sobre turismo accesible. • **instagram.com/wingsofangelz** Wings of Angelz trabaja para que los espacios públicos se adapten a las sillas de ruedas.

Lo esencial

Horario comercial

Varían según la temporada y en Ramadán.

Bancos 8.00-15.00 lu-vi

Bares 12.00-1.00

Restaurantes 12.00-22.00, hasta 23.00 fin de semana; alguno cierra a media tarde

Centros comerciales 10.00-22.00 lu-vi, hasta 24.00 fines de semana

Supermercados 9.00-22.00; algunos abren 24 h

Locales nocturnos 22.00 o 23.00-3.00; algunos abren hasta las 4.00

Mezquitas Hay pocas abiertas a los no musulmanes, y los viernes la mayoría solo admiten fieles.

Abierto
مفتوح
Cerrado
مقفول

Agua del grifo

Oficialmente, el agua del grifo es segura, pero muchos allí la hierven antes de beberla, pues se duda del mantenimiento de los depósitos de agua. Las botellas de agua reutilizables se pueden rellenar en los grifos de centros comerciales, playas y parques, que ofrecen agua filtrada.

A TENER EN CUENTA

Hora local
Hora estándar del Golfo (GMT/UTC +4 h)

Código del país
+971

Emergencias
policía 999, ambulancia 998, bomberos 997

Población
3,6 millones de hab.

ELECTRICIDAD
230V/50Hz

Fiestas oficiales

Bancos y oficinas cierran en las fechas siguientes; los centros comerciales, no.

Año Nuevo
1 de enero.

Ramadán
El mes en el que los musulmanes ayunan durante el día; los establecimientos abren, pero el horario varía.

Aíd al Fitr
El final del Ramadán. Dura tres días.

Día de Arafat
El festivo que precede al Aíd al Adha.

Aíd al Adha
Celebración de la estación del *hach* (la gran peregrinación a la Meca). Dura 4 o 5 días.

Año nuevo islámico
Fiesta oficial.

Aniversario del nacimiento del profeta Mahoma
Fiesta oficial.

Día Nacional de los EAU
2 de diciembre. El 3 de diciembre también es fiesta oficial.

💬 Idioma

El árabe es la lengua oficial de los EAU, pero el inglés está muy presente. La variedad de árabe de los EAU (y que ocupa esta sección) es el árabe del Golfo Pérsico.

Lo básico

Hola.
اهلاً و سهلاً.
ah·lan wa sah·lan

Adiós.
مع السلامة.
ma' al sa·laa·ma

Sí./No.
نعم./لا.
na·'am/la

Por favor.
من فضلك.
min fad·lak (m)
من فضلك.
min fad·lik (f)

Gracias.
شكراً.   *shuk·ran*

Disculpe.
لو سمحت.
law sa·maht (m)
لو سمحت.
law sa·mah·tee (f)

💬 Frases útiles

¿Habla inglés?
تتكلم الانجليزي؟   *tit·kal·am al·in·glee·zi (m)*
تتكلمي الانجليزي؟   *tit·ka·la·mee al·in·glee·zi (f)*

No entiendo
مو فاهم.   *moo faa·him (m)*
مو فاهمة.   *moo fah·meh (f)*

¿Cómo se llama usted?
ايش اسمك/اسمك؟   *aash is·mak/is·mik (m/f)*

Me llamo ...
اسمي...   *is·mee ...*

¿Qué hora es?
الساعة كم؟   *i·saa·a' kam*

Son (las dos) en punto.
الساعة (ثنتين).   *i·saa·a' (thin·tayn)*

¿Cuál es la dirección?
ما العنوان؟   *ma il·'un·waan*

¿Podría escribirlo, por favor?
لو سمحت اكتبه لي؟   *law sa·maht ik·ti·boo lee (m)*
لو سمحتِ اكتبيه لي؟   *law·sa·mah·tee ik·ti·bee lee (f)*

¿Podría mostrármelo (en el mapa)?
لو سمحت وريني   *law sa·maht wa·ree·nee (m)*
لو سمحتِ وريني   *law·sa·mah·tee wa·ree·nee (f)*
(عالخريطة؟)   *('al·kha·ree·ta)*

Números

واحد
waa·hid

اثنين
ith·nayn

ثلاثة
tha·laa·tha

اربعة
ar·ba'

خمسة
kham·sa

Para saber más

Sonidos característicos gh es un sonido gutural (como una r suave), **r** es vibrante, y **kh** suena como una j.

Pronunciación El acento suele recaer en la sílaba que lleva el *shaddeh* (ّ). El *hamzeh* (ء) indica una pausa glotal y se pronuncia más o menos como la pausa en medio de la expresión "oh-oh".

MSA El árabe estándar moderno o MSA es la versión modernizada del árabe clásico, se usa en escuelas, en la Administración y en los medios de comunicación. Es la lengua franca oficial del mundo árabe.

Señalización

Entrada	مدخل
Salida	مخرج
Abierto	مفتوح
Cerrado	مقفول
Información	معلومات
Prohibido	ممنوع
Aseos	المراحض
Caballeros	رجال
Señoras	نساء

Emergencias

¡Ayuda!
ساعدني   *saa·id·ni (m)*
ساعديني   *saa'·dee·ni (f)*

¡Váyase!
ابعد/ابعدي   *ib·ad/ib·ad·ee (m/f)*

¡Llamen a …!
اتصل على...!   *ti·sil 'a·la … (m)*
اتصلي على...!   *ti·si·lee 'a·la … (f)*

  un médico
  طبيب   *ta·beeb*

  la policía
  الشرطة   *i·shur·ta*

BREVE INTRODUCCIÓN AL ÁRABE

Según los musulmanes, el árabe es la lengua más perfecta que existe, porque es la lengua en la que se reveló el Corán. Creencias religiosas aparte, el estatus internacional del árabe impresiona: es una de las 10 lenguas más habladas del mundo, con 300 millones de hablantes.

El árabe es la primera lengua de Oriente Medio y el norte de África, y la segunda lengua del mundo islámico. Tiene estatus oficial en 25 países, en la Liga Árabe y en la Unión Africana, y es una de las seis lenguas oficiales de las Naciones Unidas.

6 ستة *si·ta*

7 سبعة *sa·ba'*

8 ثمانية *tha·maan·ya*

9 تسعة *tis·a'*

10 عشرة *'ash·ar·a*

155

Índice

Puntos de interés p. 000
Págs. de los planos **p. 000**

Véanse también los subíndices:

😊 Comer p. 158
🥤 Beber p. 159
🛍 Comprar p. 159

A

abras 28, 42, 55, 80
Abu Dabi 138-141
actividades 24-25, *véase también actividades individuales*
acuario y zoo submarino de Dubái 99, 101
acuarios 99, 101, 110-111
agua del grifo 153
Ain Dubai 116
Al Ain 141
Al Jaddaf 58-59
Al Mamzar Beach Park 44-45
Al Qasr 135
Al Seef 59
alcohol 116, 148
alojamiento 25, 145
Anantara The Palm Dubai Resort 115
apps de transporte 27
Aquaventure Waterpark 110
Arabian Adventures 103
arquitectura 14-15
Atlantis The Palm 110-111, 116
Atlantis The Royal 117
Aura Skypool 114-115
Azure Beach 117

B

Bab Al Shams 131
Bait Al Banat 42
barrio histórico de Al Fahidi 52-53, 55
barrio histórico de Shindagha 55
bebida y fiesta 9, 146-147, *véase también* alcohol, *subíndice*

Beber, barrios individuales
Biblioteca Mohammed bin Rashid 59
bibliotecas 59
Bla Bla 117
Bluewaters Island 116
brunch 80, 119, 134-135, 147
buceo 86
Bur Dubai 49-61, 50-51
alojamiento 53, 57, 145
bebida y fiesta 61
circuito a pie 54-55, 54
comer 60-61
comprar 61
experiencias 56-59
imprescindible 52-53
transporte 49
Burj Al Arab 82-83
Burj Khalifa 94-95
Burj Nahar 43
Burj Park 101

C

café 56, 57, 146
cambio climático 151
camellos 131, 144
casa del jeque Saeed Al Maktoum 55, 56
cascada del Dubai Mall 98
Centro para el Entendimiento Cultural Jeque Mohammed 56
centros comerciales 47, 61, 75, 89, 98-99, 113, 121, 133
Children's City 42
ciclismo 113, 151
Cinema Akil 87
circuitos en barco 42, 45, 58, 80, 113
clima 24

Cloud 22 117
Coca-Cola Arena 69
comida 6-7, 8, 30, 146-147, 150, *véase también* brunch, *subíndice* Comer, *barrios individuales*
cómo llegar 26
comprar 10-11, 151, *véanse también barrios individuales*, *subíndice* Comprar, zocos
Corniche de Deira 45
cuestiones legales 116, 148, 149
cultura islámica 22
cúpula Al Wasl 129

D

Deira 35-47, 36-37
alojamiento 44, 145
bebida y fiesta 47
circuito a pie 40-41, 40
comer 46-47
comprar 47
experiencias 42-45
imprescindible 38-39
transporte 35
dhows 45
dinero 23
discapacidad, viajeros con 152
Downtown Dubai 91-105, 92-93
alojamiento 145
bebida y fiesta 105
circuito a pie 100-101, 100
comer 104-105
comprar 105
experiencias 102-103
imprescindible 94-99

transporte 91
Drift Beach 117
Dubai Balloon 116
Dubai Creek Golf & Yacht Club 44
Dubai Design District 103
Dubai Frame 57
Dubai Garden Glow 59
Dubai Mall 98-99
Dubai Marina 107-21, 108-109
alojamiento 145
bebida y fiesta 120-121
circuito a pie 112-113, 112
comer 119-120
comprar 121
experiencias 114-118
transporte 107-121
Dubai Parks & Resorts 126-127
Dubai Walls 69

E

electricidad 153
emergencias 153
Emirates Palace (Abu Dabi) 140
Etihad Arena (Abu Dabi) 141
eventos 24-25
Expo City Dubai 130

F

Ferrari World (Abu Dabi) 141
ferri de Dubái 57
festivales 24-25
fiestas islámicas 22
fiestas oficiales 153
Firetti Contemporary 85
Frying Pan Adventure 59

fuente de Dubái 101,
102
fumar 146

G

Garden in the Sky 129
Gate Village 103
golf 24, 44
Gran Mezquita 55
Gran Mezquita Jeque
Zayed (Abu Dabi)
138
Green Planet 69, 71-72
Gulf Photo Plus 85

H

Hatta 136-137
Hatta Heritage Village
137
Hatta Kayak 137
Hatta Wadi Hub 136
Hindi Lane 55
historia 16, 71
hora 23
horario comercial 153

I

idioma 154-155
imprescindible 6-17,
38-39
isla de Yas (Abu
Dabi) 141
itinerarios 18-21

J

JA The Resort 130
Jameel Arts Centre 58
jardines, *véase* parques
y jardines
Jubail Mangrove Park
(Abu Dabi) 139-140
Jubilee Park 129
Jumeirah 63-75, 64-65
alojamiento 72, 145
beber y fiesta 74-75
circuito a pie 68-
69, 68
comer 73-74
comprar 75
experiencias 70-72
imprescindible
66-67
transporte 63

Jumeirah Al Naseem
Resort 87
Jumeirah Beach
Residence 114
Jungle Bay 118

K

Kite Beach 70

L

La Perle by Dragone
102
lago Al Qudra 130-131
lago del Burj 101
Lawrie Shabibi 85
Legoland Dubai 126
Legoland Water Park
126
Leila Heller Gallery 85
Lost Chambers
Aquarium 110-111
Louvre Abu Dabi 140
Love Lake 131

M

Madame Tussauds 117
Madinat Jumeirah
77-89, 78-79
beber y fiesta 89
circuito a pie 84-
85, 84
comer 88-89
comprar 89
experiencias 86-87
imprescindible
80-83
transporte 77
Madinat Jumeirah
80-81
Majlis Gallery 55
Mamsha (Abu Dabi)
140
Mangrove National
Park (Abu Dabi) 139
Meena Bazaar 58
mercados, *véanse* zocos
Metro Link Bridge 101
mezquita Al Farooq
Omar Bin Al Khattab
72
mezquita de Jumeirah
66-67
modales 57, 103, 146

monorraíl de Palm
Jumeirah 118
Motiongate 126
Museo Arqueológico
de Saruq Al Hadid
55
Museo de Al Shindagha
52
Museo de Al Shindagha
52
Museo de Dubái 53, 55
Museo de la Moneda 52
Museo de la Mujer 42
Museo del Café 56
Museo del Futuro 96-97
Museo Etihad 70
Mushrif National
Park 44

N

nadar 114-115, 117, 149,
véase también
playas
National Bank
of Dubai 43
Next Level 114
niños, viajar con 17, 144

O

observación de aves
102-103
Ópera de Dubái 102

P

pabellón de los EAU
129
Palm Jumeirah 107-121,
108-109
alojamiento 115, 145
beber y fiesta 120-121
comer 119-120
comprar 121
experiencias 114-118
imprescindible 110-111
transporte 107-121
Palm West Beach 115
parque Al Ittihad 118
parque de Al Khazzan
69
parques acuáticos 86,
110, 118, 126, 141
parques de atracciones
12-13, 59, 126-127, 141

parques nacionales y
reservas naturales
44, 102-103, 131,
139-140, *véanse
también* parques
y jardines
parques temáticos 12-13,
59, 126-127, 141
parques y jardines
30, 44-45, 69, 101,
118, 129
paseo marítimo
de Deira 43
planificar 22-23
playa de la Corniche
(Abu Dabi) 140
playa pública de
Jumeirah 70
playas 44-45, 70, 86, 114,
115, 116-117, 140, 149
precios 23, 29, 115,
145, 147
presa de Hatta 136-137
presupuesto 17, 23, 115
propinas 23, 146

Q

Qasr Al Hosn (Abu
Dabi) 138-139
Queen Elizabeth 2 56

R

Ramadán 103
Real Madrid World 127
regatear 43
reserva de fauna de
Ras Al Khor 102-103
Reserva del Desierto
de Al Marmoom 131
ría de Dubai 30, 42-43
Riverland Dubai 126
Rub Al-Jali (Abu Dabi)
140

S

Sal 83
salud 148-149
SAN Beach 117
seguridad 148-149
shisha 146
Ski Dubai 86
Sky Views Dubai 102
Skydive Dubai 114

ÍNDICE

S-Z

sur de Dubái 123-141, **124-125**
 alojamiento 127, 130, 131
 beber y fiesta 133
 comer 132-133
 comprar 133
 circuito a pie 128-129, **128**
 experiencias 130-131
 imprescindible 126-127
 transporte 123
spas 83
Sunset Beach 86
Surreal 129

T

Talise Spa 83
tarjetas Nol 28
taxis 26, 27, 29
taxis acuáticos 27
temporadas turísticas 24-25
Terra Pavilion 129
The World 72
Theatre of Digital Art 81
torre Cayan 113
torre del reloj de Deira 43
torres gemelas de Deira 41
tortugas 87
transporte 26, 27-29
turismo accesible 152
turismo responsable 150-151

U

Union House 70

V

vacaciones 153
viajar en autobús 26, 27
viajar en avión 26
viajar en barco 26, 27, 28
viajar en bici 113, 151
viajar en coche 148, 149
viajar en familia 17, 144
viajar en ferri 28, 58
viajar en metro 26, 27
viajar en monorraíl 28, 118
viajar en tranvía 28

viajeros homosexuales 149
viajeros LGTBIQ+ 149
View at The Palm 114
View Exhibition 114

W

Walk at JBR 114
Warner Bros World Abu Dhabi 141
webs 149, 150
Wild Wadi 86
Wings of Mexico 101

X

XLine Dubai Marina 117
XVA Gallery 53

Y

yacimiento arqueológico de Jumeirah 71
Yard 85
Yas Bay (Abu Dabi) 141
Yas Waterworld (Abu Dabi) 141

Z

zoco de Bur Dubai 55, 58
zoco de las especias 41
zoco de los perfumes 41, 43
zoco de Madinat Jumeirah 80
zoco de Naif 41
zoco del oro 38-39, 41
zocos 38-39, 40-41, 43, 55, 58, 80
zoológicos 69, 71-72, 99, 101

🍴 Comer

3 Fils 74
11 Woodfire 74
Abd El Wahab 104
AJ's Cafe 89
Akiba Dori 104
Akira Back 119
Al Baik 105
Al Fanar 61
Al Fanar Cafe &

Restaurant 132
Al Iwan 88
Al Khayma Heritage Restaurant 61
Al Mashowa 132
Al Muntaha 82
Al Qasr 80, 134, 135
Al Samadi Sweets 46
Al Tawasol 47
Alba 105
Alchemy 73
Alma 560 Cafe 88
Arabian Tea House 57-58
Aroos Damascus 46-47
Aseelah 47
Asia Asia 113
Atelier M 113, 120
At.mosphere 104
Avenues, The 111
Awtar 60
Bā 119
Bait Al Mandi 45
Baku Cafe 69
Banyan Tree Dubai 116
Bayt Al Khanyar Coffee Shop 60
Bayt Al Wakeel 61
Bikers Cafe 73
Black Flamingo 120
Boca 104
Bohox 104
BookHero Cafe 83
Bounty Beets 119
Bread Street Kitchen 111
Bu Qtair 73
Bubbalicious at the Westin 119, 134-135
Bungalo34 72
Byron Bathers Beach Club 120
Caesar's Pizza & Pasta 132
Cafe Calicut 60
Cassette 85
Cheesecake Factory 98
China Garden Restaurant Al Safa 74
China Town 98
Chooki Dahni Restaurant 60
City Creek Restaurant

60
Comptoir 102 70-71
Coya Dubai 73
Daily 105, 132
Dampa Seafood Grill 44
Diablito (Abu Dabi) 139
Din Tai Fung 98
Dinner by Heston Blumenthal 120
Dinner in the Sky 115-116
Dream 120
Eataly 104
Ecco Pizza & Pasta 132
Eco Mind 74
El Sur 120
Eman Sweets 46
En Fuego 111
Fakhri Sweets Farsan & Bakery 46
Foundry 104
Fouquet's 104
Gate Village 103
Geewin Cafe 39
Goldfish 73
Hamptons 73
Hatta Wild Cafe 137
Hide 89
Hikina 132
Hōseki 73
Ida Bakery & Bistro 105
Il Borro Tuscan Bistro Dubai 88
Il Ristorante-Niko Romito 73
Joe & the Juice 104
Jun's 104
Kalea Restaurant 132
Kamat Vegetarian 46
KAVE 85
Kinara 132
Koko Bay 119
La Tablita 60
Last Exit 133
Leen's at Emirates Towers 97
Leila 104
Lime Tree Cafe 67
Limonata 120
Ling Ling 120
Logma 98
London Project 116
Luigia in JBR 135
Maine Oyster Bar & Grill 120

158

Maison Mathis 119
Mama'esh 74, 105
Market Place 60
Massimo's Italian
    Restaurant 113
Meat Co 88
Mekong 115
Mimi Kakushi 73
Mina A'Salam 80
Mina's Kitchen 119
Mogiya Japanese
    Restaurant 60
Morelli's Gelato 99
Muchachas 134
My Govindas 46
Myocum 73
Nablus 60
Nepaliko Sagarmatha
    60
Nobu Matsuhisa 111
Noepe 46
Noodle House 88
Omakase-ya 46
Orfali Bros 74
Ossiano 120
Pai Thai 88
Patila House Restaurant
    60
Paul 95
Permit Room 60
Pier 7 113
Pierchic 88
Puerto99 116
Q Coffee 132
Qwaider Al Nabulsi 46
Ravi 60
Reform Social & Grill 132
REIF Japanese
    Kushiyaki 73
Ristorante L'Olivo at
    Al Mahara 82, 88
Rockfish 88
Rumalaih Farm Cafe 89
Sabaa 61
Saffron 111, 119, 134
Salt 74
Samad Al Iraqi 74
Sanderson's Cafe 120
Saravana Bhavan 46
Scalini 73
Señor Pico 119
Seva 74
Shabestan 41, 46
Sind Punjab 61

Single Fin Café at Surf
    House Dubai 88
Skafos 60
Slab 74
Stay 120
STK Steakhouse 120
Susan's Baking
    Company 104
Table Otto 105
Taperia 132
Teible 60
Ten11 104
Thai Kitchen 46
Thiptara 104
Three by Eva 74
Time Out Market 104
Ting Irie (Abu Dabi) 141
Ting Irie (Dubái) 104
Tomo 60
Toro Toro 135
Trattoria Toscana 88
Trèsind Studio 120
Tribes Carnivore 98
Trove 104
Vietnamese Foodies
    Downtown 105
Wavehouse 111, 119
White Beach Club 111
Yava 74
Yui 104
Zala 132
Zaroob 105
Zheng He's 88

  Beber

305 121
961LB 61
Above Eleven 121
Al Wasl Cafe 129
Alma 105
Anwa Sunset Lounge
    133
Armani/Privé 105
Ascent 61
Attiko Dubai 121
Bahri Bar 89
Bar Buci 89
Barasti 120
Beach by Sho Cho 74
Belgian Beer Café 89
Beluga 75

Bibé Rooftop 133
Black Tap 141
Blind Tiger 89
Brass Monkey 69
Bridgewater Tavern 105
Bulgari Bar 75
Ce La Vi 105
Cielo Sky Lounge 47
Cloud 22 121
Cu-Ba 47
Distillery Dubai
    Gastropub 105
Eloquent Elephant 105
Eve Penthouse &
    Lounge 61
Flatout Specialty Coffee
    (Abu Dabi) 140
Floor 24 89
Galaxy Bar 105
Gilt 89
Golden Lion 57
Grapeskin 75
Helios 47
Hendricks Bar Four
    Seasons 74-75
Huddle Sports Bar &
    Grill 61
Irish Village 47
Jetty Lounge 121
Joker Street 2.0 61
Keg 127
List Bar 61
Lobby Lounge 133
LoopUp Rooftop Bar 75
Majestic Barrels Bar 61
McCafferty's Bar &
    Restaurant 61
McGettigan's 89
Mercury Rooftop 75
Nikki Beach Dubai 74
Nola Bijou Bistro &
    Bar 75
Orange Chameleon 121
Penthouse 121
Pub, The 47
QDs 47
RePUBlik 133
Rove Expo City 129
Sea Fu Bar 74
Smokin' Gun 133
SoBe 121
Soho Garden 121
Starbucks Al Seef 61
Tent at Bla Bla Dubai 121

Tipsy Tikka 61
Trader Vics 81, 89
Uma 89
Up on the 10th 47
Vasco Da Gama 133
ZETA Seventy Seven 121
Zuma 105

  Comprar

Ajmal 61
Al Ghurair Centre 47
Al Jaber Gallery 47, 105
Bateel 47
Beach at JBR 114, 121
BoxPark 75
BurJuman 61
Candy Hearts 133
Candylicious 105
City Centre Deira 47
City Walk 75
Collective by Ripe 85
Courtyard 85
Deal 133
Dubai Mall 98-99
Dubai Marina Mall 113
Dubai Outlet Village 133
Forever Rose London 75
Godiva Cafe 133
Gold & Diamond
    Park 89
Golden Mile Galleria 121
Human & Beings 75
Magrudy's 75
Mall of the Emirates 89
Mercato Shopping
    Mall 75
Nakheel Mall 121
Parmar 58
Pinocchio World
    by Bartolucci 105
Pylones 101
Sacoor Brothers Outlet
    133
Sartor 58
Souk Al Bahar 101
S*uce 75
Tichi's Tailoring
    Boutique 58
Vao Concept Store 75
Wafi Mall 61

La opinión del lector

Nos encanta escuchar a los viajeros, ya que con sus comentarios nos ayudan a mejorar nuestros libros. Podéis escribirnos a lonelyplanet.com/contact; leemos todos los mensajes y garantizamos que estos lleguen a los autores.

Nota: Es posible que algunos fragmentos de estos mensajes aparezcan en nuevas ediciones de las guías Lonely Planet, en la web o en productos digitales. Si preferís que vuestro contenido o nombre no sean publicados, por favor, indicadlo claramente. Para obtener una copia de nuestra política de privacidad, podéis visitar lonelyplanet.com/legal.

geoPlaneta
Av. Diagonal 662-664, 08034 Barcelona
www.geoplaneta.com – www.lonelyplanet.es

Lonely Planet Global Limited
Lonely Planet Global Limited, Digital Depot,
The Digital Hub, Dublín D08 TCV4, Irlanda
www.lonelyplanet.com
Contacta con Lonely Planet en: lonelyplanet.com/contact

Dubái de cerca
3ª edición en español – febrero del 2025
Traducción de *Pocket Dubai*, 7ª edición –
septiembre del 2024
© Lonely Planet Global Limited
1ª edición en español – enero del 2016

Editorial Planeta, S.A.
Av. Diagonal 662-664, 7º. 08034 Barcelona (España)
Con la autorización para la edición en español de Lonely Planet Global Limited, Digital Depot,
The Digital Hub, Dublín, D08 TCV4, Irlanda

© Textos y mapas: Lonely Planet, 2024
© Fotografías: según se relaciona en cada imagen, 2024
© Edición en español: Editorial Planeta, S.A., 2025
© Traducción: Raquel García Ulldemolins, 2025

ISBN: 978-84-08-29555-6
Depósito legal: B. 14.791-2024
Impresión y encuadernación: Estella
Printed in Spain – Impreso en España